Linda Lou Paget

L'ART DE FAIRE L'AMOUR À UN HOMME

•MARABOUT•

À Brian Thalheimer, qui m'a livré ses secrets.
Aux participantes de mes séminaires,
qui m'ont livré leurs confidences.

Ce livre a été publié sous le titre *How to Be a Great Lover*, par Broadway Books, New York, 1999.

Traduit de l'américain par Bénédicte Mayol.

Introduction

Une douzaine de femmes, de vingt à soixante ans, sont assises dans la salle de conférences d'un club privé, en ville. Sur une longue table en acajou, une nappe en lin blanc, des couverts en argent, des roses. C'est le soir. La lumière est douce, les dames sont dans l'expectative. J'ouvre le bal.

— Eh bien ! mesdames, vous allez devoir choisir, et cela vous arrivera souvent dans les minutes qui vont suivre.

Je me tiens à une extrémité de la table.

Certaines portent des tailleurs stricts, d'autres sont habillées de façon plus décontractée. Elles ont toutes les yeux rivés sur la table où trônent mes « jouets » éducatifs : en l'occurrence, des godemichés.

— Choisissez la couleur : noir, blanc ou cuivré, et la taille : 20, 18 ou 15 cm, ou encore le modèle standard de 13 cm, qui plaît toujours.

Il y a quelques rires. J'insiste.

— Allez-y, mesdames.

Une grande femme efflanquée, d'une quarantaine d'années, demande :

— Il faut que je prenne le même qu'à la maison ?

Hilarité générale. La glace est rompue.

Aujourd'hui, on ne taxe plus de légèreté une femme qui maîtrise l'art d'aimer. Il existe en effet une vraie sagesse dans le fait de connaître sa sexualité et de se connaître soi-même. Telle est en tout cas la philosophie qui s'est dégagée des nombreux séminaires que j'anime aux États-Unis et au Canada. L'art de devenir une bonne amante, qui résume mon enseignement, est le fruit d'une réflexion menée au fil des réunions, et qui confronte l'expérience de milliers de femmes. C'est à elles que je donne la parole dans cet ouvrage – ainsi qu'à leurs maris et à leurs amants.

Mais quelle est mon ambition ?

Permettre à toutes mes lectrices d'exister pleinement en tant que femmes et d'éprouver plus d'intimité – et de plaisir – avec l'homme de leur vie. Car savoir donner du plaisir est certainement aussi important que bien élever ses enfants. Or nous ne sommes pas également douées dans l'art d'aimer. C'est entre filles qu'on apprend le plus de choses sur le sexe – et qu'on en rit le plus volontiers. Nous gardons pour beaucoup d'entre nous le souvenir de nos mères nous expliquant les choses de la vie – et de notre embarras –, ou de ces cours d'éducation sexuelle durant lesquels nous priions le ciel pour ne pas être interrogées. Mais ce sont nos copines qui avaient des sœurs plus âgées que nous devons le plus louer car, grâce à elles, nous avons découvert ce qui se passait derrière les trous de serrure. Leurs récits nous touchaient bien plus que les fausses précisions de nos mères et de nos professeurs. Nous pouvions glousser ou jouer les pudiques, mais nous ne pensions qu'à ça : notre première expérience ! À n'en pas douter, la grande aventure.

Des années plus tard, quand la chose s'est faite, nous n'en savions guère plus qu'à l'époque des premières confidences. Nous ne savions ni où ni à qui nous adresser pour avoir des informations ou, plus exactement, des informations judicieuses. Et plus on vieillit, moins on ose demander ; surtout lorsque nous avons dépassé l'âge où l'on est censé tout connaître.

Nombreuses sont les femmes qui, comme moi, auraient aimé voir s'affirmer leurs talents en ce domaine, tout en n'osant pas l'avouer. Dans mon cas, cette pudeur remonte à l'enfance, à une époque où il ne fallait ni parler de sexe ni y penser, et surtout ne pas y toucher ! Élevée dans la culpabilité, comment aurais-je pu devenir une amante expérimentée ? Les hommes peuvent apprendre à bien faire l'amour en multipliant les aventures. Pour les femmes, cela a longtemps été difficile : il fallait avoir bonne réputation (pour se faire épouser) ; mais, dès lors, comment devenir une amante raffinée, pour « tenir » ledit mari ?

Je désirais, quant à moi, des informations pratiques pour me sentir sûre avec un homme. Le sexe m'apparaissait comme un moyen d'exprimer mes sentiments : je voulais m'en sortir brillamment avec l'homme de mon choix.

Comment les femmes deviennent-elles de bonnes amantes ? En pratiquant. Mais à vingt ans, nos partenaires sont jeunes, impatients de jouir. Pas les meilleurs initiateurs, donc. Il ne reste plus qu'à accumuler les conquêtes, ce qui n'est pas conseillé à une période où le sida est une menace permanente, et exclu pour des femmes engagées dans une relation stable.

Je suis donc, en premier lieu, remontée aux sources, et j'ai relu le *Kama Sutra*, ce traité indien de l'art d'aimer. Nous devons ce livre, longtemps la référence en matière de pratiques sexuelles, à Vatsyayana, un brahmane lettré. Il le composa vers l'an 500 de notre ère à partir de textes datant du IVe siècle av. J.-C. Au fil du temps, le *Kama Sutra* a subi maints ajouts et révisions. Il a été traduit dans presque toutes les langues. La sexualité y est dénuée de toute inhibition, au point qu'on se demande comment le sexe a pu rester pendant des siècles un sujet tabou dans nos sociétés. Il traite de mariage, d'adultère, de bigamie, de relations sexuelles de groupe, de prostitution, de sadomasochisme, d'homosexualité masculine et féminine, de travestisme.

J'ai donc été étonnée de constater que le *Kama Sutra* apporte peu aux femmes d'aujourd'hui. Loin d'être un traité sur l'art et les pratiques érotiques, il était d'abord un manuel d'initiation sexuelle à l'usage des jeunes gens des castes supérieures. Il expose les divers moyens – tous liés à la maîtrise de l'art érotique – d'acquérir vertu, richesse et amour, les trois premières valeurs des hommes éduqués. Par exemple, on recommande aux citadins des milieux privilégiés de prendre souvent des bains et d'avoir dans leur chambre un lit « séparé » où ils s'ébattront avec des prostituées. On y trouve aussi des conseils pour séduire une jeune fille – succinctement, comment la griffer, la mordre et la frapper (dans le dos et sur l'arrière du crâne) –, ainsi que toutes les clés pour faire jouir les femmes. Les jeunes gens apprennent également à gérer plusieurs épouses et à courtiser la femme des autres – avec un certain savoir-vivre.

À l'évidence, les Indiens attachaient une grande importance à l'art d'aimer et à la satisfaction sexuelle. On considérait le plaisir comme divin, le fait d'en donner – et d'en recevoir – étant une préoccupation essentielle. Mais a-t-on jamais consulté les principales intéressées ? L'exemple suivant – extrait de la deuxième partie du traité, consacrée aux « avances amoureuses » – donne à penser que non : « Allongé sur le flanc, il pose son membre le plus sacré sur elle, comme sur une jument poulinière. Ou bien, couché sur elle, il presse son organe contre le pubis de la fille sans la pénétrer. C'est alors que s'ouvre le sexe de sa partenaire, très excitée. L'homme s'introduit brutalement en elle, la prend par les cheveux et reste accroupi sur elle afin de pouvoir la griffer, la mordre et la frapper. »

Perspective peu exaltante, on en conviendra. Même celles qui apprécient un rien de sauvagerie, ou trouvent érotique la pratique de la fessée, ne se laisseront pas forcément clouer sur un lit pour y être griffées, mordues et frappées.

Cela dit, les femmes de l'Inde ancienne étaient-elles aussi peu respectées qu'incomprises ? Je ne le pense pas. En dépit de ces brutalités, elles sont tenues en haute estime dans le *Kama Sutra*. Le fait d'être désiré par une femme était un honneur suprême pour le sexe opposé – le livre ne laisse aucun doute sur ce point. Séduire une femme était considéré comme un art.

Au bout du compte, ce traité de l'érotisme m'a paru curieusement hors sujet. J'ai appris beaucoup de choses sur l'Inde du IVe siècle, j'ai découvert des positions intéressantes, mais le *Kama Sutra* n'a correspondu ni à mes attentes, ni à mes besoins. Aussi ai-je poursuivi ma recherche.

Redevenant pour l'occasion naïve et béotienne – désormais un rôle de composition –, je voulus savoir ce que les hommes jugent excitant, pour quelles raisons, et quelles techniques donnent les meilleurs résultats – le tout expliqué de manière simple et précise. Par exemple, que font les gens avec leurs pouces ? leur langue ? le reste ?

J'ai trouvé des guides traitant de la sexualité, joliment illustrés. Cependant, maintes positions étaient invraisemblables, et il y avait là plus matière à déplacements vertébraux qu'à extase.

SECRET D'ALCÔVE

1. La distance comprise entre l'extrémité de l'index d'un homme et la base de la paume de sa main correspond à la longueur de son sexe en érection.
2. Plus la lunule de l'ongle du pouce est longue, ou large, plus le sexe est long, ou large.
Comme l'a dit une femme, lors d'un séminaire : « Cela rend les trajets en métro tellement plus intéressants ! »

Restons honnête. Certains de ces livres ouvrent des horizons, notamment quand les auteurs présentent la chose de façon réaliste. En les lisant, on a hélas l'impression de voir un film sans le son : les images sont édifiantes, mais il manque les explications. Quant au cinéma lui-même… Si on y glane quelques idées sur la façon de créer un climat érotique – voir les films interdits aux moins de dix-huit ans –, si l'on y fantasme sur des orgasmes dévastateurs, en examinant par exemple deux acteurs encore en sueur étendus sur des draps froissés (dans la phase post-coïtale), l'essentiel est omis. Les protagonistes détiendraient-ils des secrets dont nous serions à jamais exclus ? Dans ma quête, je me tournais vers la pornographie, peut-être une bonne école, en tout cas une industrie florissante – un milliard de dollars de bénéfices par an, rien qu'aux États-Unis. Avec sa clientèle essentiellement masculine, j'estimais qu'il s'agissait d'un bon terrain d'exploration pour savoir ce qui motive les hommes. Et puis là, au moins, on voit ce qui se passe. Toutefois, après vingt films, je ne parvenais plus à les différencier. Le même ennui monotone les engloutissait. Certes, je n'ai pas été choquée par ce que faisaient les femmes – je regardais le film pour ça. Entre adultes consentants, les pires obscénités sont admissibles. Cependant, l'absence d'amour, de romantisme, de respect d'autrui, m'empêchait d'entrer dans ces histoires. Dans le porno, le sexe n'est que performance. Hommes et femmes deviennent des mécaniques sexuelles. Je ne pouvais m'identifier à cela – pas plus que je ne désire partager mon homme avec d'autres femmes. La pornographie a deux faiblesses : elle ôte toute intimité – chose essentielle pour nombre d'entre nous – et donne une vision exclusivement – et tristement – masculine des événements. Quand je demande aux hommes ce qu'ils retirent de ces films, ils me répondent qu'ils se « soulagent », ou qu'ils leur inspirent des idées de positions. Un producteur d'émissions télévisées m'a avoué : « La pornographie sert de baromètre à ma forme sexuelle. » Les femmes ne peuvent en dire autant, je le crains.

Le porno étant une impasse, vers quels horizons diriger mes regards ?

Je voulais être brillante au lit, mais sans renier mes valeurs. Ne sachant plus à quel saint me vouer, j'allai trouver un ami très cher, Bryan. Je sortais alors d'une rupture, mais j'ambitionnais de tomber à nouveau amoureuse – ne voulant pas mourir idiote. Avec Bryan, je pouvais aborder tous les sujets, presque comme avec une amie, car il était délicieux, attentif… et homosexuel. Il compatit à mon désarroi et décida énergiquement d'y remédier.

Voici donc quelle fut ma première vraie séance d'éducation sexuelle. Bryan m'invita chez lui, m'offrit un cappuccino, et nous entrâmes dans le vif du sujet.

— Je veux connaître tout des désirs secrets des hommes, dis-je. Plus j'en saurai sur les techniques de stimulations manuelles, ou buccales, plus j'aurai confiance en moi, plus je serai créative dans l'expression de mes sentiments.

Bryan me mit immédiatement au parfum.

— Alors, il faut que tu saches une chose, déclara-t-il. Pour moi, tout réside dans les préliminaires.

Il m'expliqua que la pénétration est la partie visible de l'iceberg, et plus les jeux d'approche sont longs, subtils, inventifs, plus… Il manquait de mots pour dépeindre l'extase qui s'ensuivait alors. C'est à la qualité des préliminaires que se juge la qualité des maris. Aussi, si les femmes apprécient autant les préludes que l'apothéose, pourquoi ne serait-ce pas le cas des hommes ?

Bryan sortit sa petite cuillère de son cappuccino et me demanda de l'imiter. Utilisant cet ustensile comme symbole sexuel, il me montra où les hommes aiment qu'on les caresse, quelles sont les zones sensibles de leur sexe, où appliquer une pression plus appuyée. Il me dit que faire avec mes doigts, ma langue et ma gorge. De façon claire, logique. De la cuillère au pénis, il n'y a qu'un pas. Plus ou moins grand.

Je dois donc à Bryan une technique de manipulation qui, depuis, m'a toujours réussi, comme à toutes les participantes à mes séminaires. J'ai appelé cette caresse l'« Ode à Bryan », en souvenir de cet ami, disparu depuis.

J'étais loin d'imaginer les conséquences de cette découverte sur ma vie ! Et, surtout, je n'aurais jamais pensé que je lui vaudrais ma carrière. Longtemps, j'ai tout gardé pour moi, ne réalisant pas que de nombreuses femmes manquaient de connaissances en la matière. Un soir de 1993, je dînai chez deux amies. Nous parlâmes de sexe, de nos vies amoureuses, des hommes. L'une avoua qu'elle était frustrée dans ses relations intimes. Sur le point de se marier, elle reconnaissait n'avoir aucune confiance en elle sur le plan sexuel, ne pas oser prendre d'initiative, par crainte d'un impair. Mon autre amie avoua, à son tour, son inexpérience, laquelle, également, l'embarrassait et l'inhibait. Mais auprès de qui s'informer des meilleures techniques sexuelles ?

J'allai chercher trois cuillères et leur montrai ce que Bryan m'avait enseigné, en ajoutant quelques subtilités de mon cru – tout en me demandant si mon ami me faisait un clin d'œil du paradis, où il était désormais. Nous avons ri jusqu'au petit matin, en nous avouant nos fiascos. Dans la semaine, mes amies m'appelèrent pour me remercier. Dithyrambiques, elles baptisèrent mon enseignement le « Kama Lou Tra » et m'incitèrent vivement à en faire profession.

J'organisai des rencontres informelles et réalisai que nombre de femmes partageaient ma curiosité et mes lacunes d'hier. On me téléphona de plus en plus. J'organisai mes premiers séminaires. Bientôt, je dus en prévoir plusieurs par semaine, le soir, après mon travail. Puis le téléphone se mit à sonner de façon constante, et j'abandonnai mon emploi. Je confesse avoir mis un certain temps à m'habituer au fait d'être devenue une experte en sexologie. À présent, j'organise des séminaires dans toute l'Amérique du Nord, Canada compris. Je dirige aussi des ateliers pour hommes, pour couples, et des groupes de travail sur des sujets précis : la préparation au mariage, les anniversaires, comment enterrer sa vie de garçon, etc. L'idée première est de créer une atmosphère de respect, de sécurité, de confidentialité. Chaque séminaire permet un échange d'idées, et chaque bonne idée ajoute à mon expérience. Je n'ai jamais mené une réunion où je n'ai rien appris. Au début, les participantes pensent toujours que je détiens toute la science sur le sujet. À la fin, elles ont le sentiment d'être elles-mêmes savantes. Et il en sera probablement toujours ainsi. Dans ces groupes, les femmes échangent leurs connaissances ; de retour chez elles, elles s'enhardissent, devenant, peu à peu, de bonnes, voire d'excellentes amantes.

C'est dans les années 90 que l'idée d'un livre sur l'art de faire l'amour m'est venue, et que sa nécessité s'est faite à mes yeux d'autant plus cruciale que le sida et les maladies sexuellement transmissibles ne cessaient de se développer.

Dans cet ouvrage, vous découvrirez la psyché masculine. Vous comprendrez ce qu'aiment les hommes, ce qui les excite. Leurs confidences vous surprendront certainement. Peut-être reconnaîtrez-vous certaines techniques pour les avoir pratiquées. Alors, passez à la suivante et confrontez-la à votre façon de faire. Dites-vous que l'on a toujours quelque chose à apprendre. Comme l'avouait une participante – une émigrée russe qui en était pourtant à son quatrième séminaire : « J'ai encore appris une foule de choses aujourd'hui ! »

SECRET D'ALCÔVE

Avec l'âge, les hommes ont besoin de préliminaires plus longs et plus sophistiqués. En un sens, ils deviennent un peu comme les femmes.

Vous trouverez dans ce livre la quintessence d'un bon millier d'interviews et des thèmes aussi divers que : comment créer une atmosphère propice à l'amour, quelles sont les mille et une manières d'embrasser, comment améliorer la qualité des rapports sexuels, quelles sont les différentes manières de se protéger ? Et ne négligez pas les chapitres consacrés à la stimulation manuelle et orale. Bref, vous découvrirez maintes techniques… qui le feront grimper au septième ciel !

Celles qui veulent mettre de la fantaisie dans leurs ébats, ou qui s'interrogent sur les accessoires érotiques et leur usage, trouveront des réponses à leurs questions dans le dernier chapitre. En guise de récompense, vous pourriez même recevoir un collier de perles en cadeau – si votre mari ou votre amant découvre de quelle manière vous vous proposez de l'utiliser. Dès que vous maîtriserez votre savoir, vous verrez tous les aspects de votre relation changer avec votre partenaire : votre complicité sera plus profonde, l'intimité que vous créerez entre vous sera plus intense. Pour certaines, vous découvrirez peut-être une dimension spirituelle à vos rapports sexuels.

Si ce livre contribue à cela, même de façon infime, alors j'exerce le plus beau métier du monde – y compris les mauvais jours !

1

HORS DE LA CHAMBRE : CRÉER UN ENVIRONNEMENT FAVORABLE

« Quand j'entrais dans sa chambre, j'avais l'impression de pénétrer dans un boudoir de rêve : tout était rose et me rappelait son corps. »

(M., 45 ans, promoteur immobilier.)

Ne pas jouer à contretemps

Mauvais timing, mauvais feeling… Cela vous est certainement déjà arrivé.

Vous lui préparez un dîner raffiné, une nuit torride et inoubliable. Vous avez annulé des rendez-vous, dépensé des fortunes en vin et en homard. Tout a été imaginé, pensé, calculé. Mais il rentre fatigué, avec une pile de dossiers à étudier, se prépare un sandwich et s'enferme dans son bureau. Vous êtes folle de rage. Comment ? il a choisi précisément ce soir pour s'isoler, alors que vous vous êtes donné tant de mal pour lui plaire ! Il a eu l'outrecuidance de vous reprocher de ne pas l'avoir consulté ! Vous vous sentez rejetée.

Et si, avant de vous jeter dans l'improvisation tête baissée, vous l'aviez appelé pour lui dire : « Qu'est-ce qui te ferait plaisir pour dîner ? »

S'il vous dit qu'il n'a pas de temps, préparez-lui un sandwich, et attendez-vous… à être dévorée rapidement.

Sont-ils toujours prêts à faire l'amour ?

Pour avoir cru à cette fable, les femmes se sont exposées à maintes déconvenues. Nos partenaires ont mille raisons de ne pas être d'humeur. Il convient alors de ne pas insister – une exception : si cela se répète trop souvent, parlez-en, mais toujours hors de la chambre. Attention : il faut toujours que votre mari se sente libre de faire l'amour quand il le désire – et qu'il soit libéré de toute culpabilité s'il n'en a pas envie. Les moments de fougue n'en seront que meilleurs et plus spontanés. Mais, même si vos désirs sont parfaitement synchronisés, un climat romantique ne nuit pas. Vous parlerez d'une voix plus douce, plus suggestive. Tout en vous devra être subtilement – mais sûrement – sexy.

Si, pour faire l'amour, vous éprouvez le besoin qu'il vous le demande, amenez-le à le faire. Un brin de manipulation est alors nécessaire. Usez de psychologie, de finesse, d'intuition, pour trouver le bon moment – il n'y a rien de pire que de se faire rembarrer (y compris sexuellement).

SECRET D'ALCÔVE

Les hommes sont des voyeurs : demandez-lui s'il aimerait vous regarder. S'il dit oui, donnez-lui des oreillers pour qu'il soit bien installé – et qu'il vous voie mieux. Que le spectacle commence…

Trompez, mais seulement la routine

Le pire ennemi identifié par les femmes, lors de mes séminaires, est l'habitude. Même rituel, même jour, même heure, même position. Tout est convenu… de quoi lasser. Certains hommes restent d'abord une semaine sans faire l'amour, puis un mois, puis si longtemps qu'ils n'osent même plus en parler. Et, un jour, ils sont intimidés simplement à l'idée de s'y remettre. Ces situations ne sont pas rares (mais non les plus fréquentes). Certaines des participantes à mes séminaires racontent des histoires d'une sensualité captivante, et il ne s'agit pas seulement de femmes jeunes ou qui viennent de convoler en justes noces, mais parfois de dames mariées depuis plusieurs dizaines d'années et qui ont une vie sexuelle originale et active. Leur secret ? Elles refusent simplement de se laisser gagner par l'ennui – que l'on dit inévitable dans les relations durables. Car le fait d'avoir une vie sexuelle intense – ou pas – est un choix, non une fatalité (dans la mesure où vous êtes l'un et l'autre en bonne condition physique et où vous vous aimez réellement). Il suffit pour cela d'éprouver du désir et d'être inspirée.

Voici quelques situations inventées – et expérimentées – par des participantes à mes ateliers. Toutefois, un scénario, aussi fou soit-il, n'est pas une recette infaillible. Mais, s'il s'agit de ranimer la flamme, abandonnez vos habitudes : changez votre façon de faire, changez de décor, changez tout !

• Quelques semaines après avoir assisté à l'un de mes séminaires, une femme de quarante-cinq ans, chef de publicité à Chicago, se rend à un mariage avec son époux, dans les salons d'un grand hôtel. Son mari est aussi excité qu'elle – ce genre de cérémonie incite à fantasmer. Elle lui propose d'abandonner les invités. Il se laisse entraîner dans des couloirs déserts, jusqu'au moment où notre dame avise un grand placard, ouvre la porte, et pousse son mari à l'intérieur. Vous imaginez la suite.

Plusieurs mois après, son mari lui parlait encore de l'épisode du placard à balais. Nous voulons des maris imaginatifs, mais n'oublions pas que les hommes aussi aiment être surpris.

• Une femme de cinquante ans, divorcée et remariée avec un homme plus âgé qu'elle, m'a étonnée par son témoignage. Sachant qu'ils avaient peu de chance d'atteindre leur quarantième anniversaire de mariage, ils ont décidé de célébrer leur union une fois par mois… en dînant nus à la maison. « Nous en sommes à notre cent quinzième célébration, et c'est chaque fois mieux ! » m'a-t-elle confié.

• Pour le trente-cinquième anniversaire de son mari, une femme résidant près de New York l'accueillit, alors qu'il rentrait d'un voyage d'affaires de plusieurs jours, de manière assez spéciale. Lorsqu'il eut franchi la porte de la maison, il trouva un mot sur le guéridon de l'entrée : « Bon anniversaire, chéri ! Suis mes instructions à la lettre : pousse le chauffage au maximum, déshabille-toi, mets une musique douce, assieds-toi dans le fauteuil [recouvert d'une serviette de bain], bande-toi les yeux et ne dis pas un mot. Quand tu seras prêt, frappe dans tes mains. »

Elle l'a alors massé avec de l'huile tiédie, lui a donné la becquée – des olives, du raisin, des abricots. Puis elle lui a fait un chaud-froid avec une fellation (voir chapitre 6). « Mon mari m'a avoué qu'il n'avait jamais éprouvé de pareilles sensations et, depuis, notre vie sexuelle est devenue beaucoup plus palpitante. »

• Une femme de quarante-cinq ans, habitant Los Angeles, qui prenait des cours les mardis et jeudis soir pour apprendre le langage des sourds-muets, profita de ses moments de liberté pour assister à l'un de mes séminaires. Son mari, habitué à ces absences, n'y vit que du feu. Le lendemain matin, elle lui téléphona et lui avoua qu'elle avait participé à un atelier de pratique sexuelle. Il ne la crut pas. Elle lui demanda de se rendre à leur domicile, de se dévêtir et de l'attendre. La dame m'a confié qu'ils avaient rarement joui aussi fort.

• Une autre femme, qui se disputait chaque week-end avec son mari parce qu'elle voulait louer un film d'amour, alors que lui préférait les films d'action, eut une illumination. Elle prit, en plus du film d'aventures, un film X. Elle glissa la cassette porno dans l'autre boîtier, le tendit à son mari puis s'éloigna, sous le prétexte d'aller préparer des amuse-gueules à la cuisine. Elle courut dans leur chambre, enfila une chemise de son mari, un soutien-gorge sexy et un string, puis vint s'asseoir à côté de lui sur le canapé. L'aventure fut bien au rendez-vous, mais pas exactement comme son mari s'y attendait.

• Une dame élégante d'une cinquantaine d'années me raconta son meilleur souvenir. Un jour, elle déjeunait au Jockey Club de New York avec son amant, un monsieur distingué de soixante-cinq ans. Il était tard, le restaurant était vide – il ne comptait qu'un autre couple, à l'autre bout de la salle. Après leur avoir apporté du vin, le garçon les abandonna un très long moment. Le monsieur s'impatienta, bien qu'ils aient tout leur temps. La dame passa alors une main sous la nappe et le caressa à travers le pantalon. Son audace le choqua d'abord, puis il s'excita. Elle-même fut surprise par son comportement : habituellement, c'est lui qui prenait des initiatives ! Cela stimula encore plus la dame. Elle ouvrit la braguette de son compagnon, sortit le pénis de celui-ci et continua à le caresser. Au moment de jouir, il se saisit de la nappe et la tira d'un coup sec. Depuis, ce monsieur ne se plaint plus d'attendre au restaurant. Attention : si vous essayez, assurez-vous que la nappe couvre la table jusqu'à mi-hauteur.

• Pour Noël, une infirmière de Toronto déclara qu'elle était prête à accéder à tous les désirs de son mari, à condition qu'il remplisse au préalable des « billets d'amour ». Une semaine après Noël, en rentrant à la maison, elle le trouva en haut de l'escalier en tenue d'Adam, un billet d'amour à la main, le sourire aux lèvres. Après quinze ans de mariage, le rituel se poursuit. Le couple est formel : le désir et l'amour qu'ils éprouvent l'un pour l'autre ne font que grandir.

SECRET D'ALCÔVE

Les hommes et les femmes n'ont pas la même odeur. Celle des hommes est plus musquée, la nôtre plus sucrée. Les odeurs varient également d'un continent à l'autre. Les Européens, les Africains et les Asiatiques n'exhalent pas les mêmes senteurs.

L'excitation, pas la provoc'

Vous voulez qu'il vous désire. N'exagérez jamais. Un agent de change de quarante-trois ans m'a raconté l'histoire suivante : un soir, dans son club de gymnastique, la femme qui s'entraînait sur le banc d'exercice en face de lui ne portait aucun sous-vêtement. Cela ne l'a pas excité : « C'était trop énorme, trop provocant. Je trouve beaucoup plus sexy de voir une femme prendre plaisir à ce qu'elle fait – quoi qu'elle fasse. Et cela, quelle que soit la façon dont elle est habillée ! »

Faire monter l'excitation

- Hors du contexte habituel de la chambre à coucher, dites à votre mari, de manière précise, ce que vous voudriez qu'il vous fasse. C'est très excitant.
- Faites-lui savoir discrètement que vous portez de la lingerie sexy, ou rien du tout, alors que vous êtes habillée de façon classique et chaste – par exemple dans un lieu public. Cela l'émouvra plus qu'une tenue provocante.
- Tout homme aime penser qu'il est seul capable de vous mettre dans tous vos états.
- Téléphonez-lui à son travail, où il ne peut manifester son émoi, et détaillez-lui le programme des réjouissances que vous avez concocté pour le soir. Cela participe des préludes amoureux : l'imagination et l'attente fouettent le désir.
- Ne prolongez pas les prolongations… Ne rêvez pas seulement de baisers sous les étoiles et de scènes romantiques de cinéma : vous vous exposeriez à des échanges trop rares. Plus une femme reste longtemps

sans jouir, moins elle en éprouve le besoin (autre différence avec les hommes : s'ils n'ont pas une activité sexuelle régulière, la chose leur manque). À l'inverse, plus elle a une vie sexuelle intense, plus la jouissance devient une nécessité pour elle.

Pour être une bonne amante, être d'abord soi-même

J'ai demandé à des hommes de tous âges, de toutes couleurs de peau et de tous milieux sociaux de définir l'amante idéale. Ils ont presque tous répondu qu'il leur était absolument indifférent qu'elle soit belle, ou experte.

Cela tient en fait à votre implication. L'homme veut que votre esprit, votre âme soient engagés dans l'acte sexuel, au même titre que votre corps. Il veut être sûr qu'il vous excite, que vous ne pourriez nulle part être mieux que dans ses bras. En toute occasion, il souhaite que votre corps s'exprime. Que vous mangiez, fassiez du sport, racontiez une histoire, ou que vous embrassiez, l'important est que vous vous donniez réellement à ce que vous faites, que vous « habitiez » votre corps, que vous vous en serviez avec aisance et plaisir. Ne vous montrez pas artificiellement exubérante, soyez vous-même. Étirez-vous, marchez nus pieds, mouvez-vous avec grâce, faites du sport, profitez de votre corps au quotidien. Il le ressentira sans que vous ayez besoin de le lui démontrer.

SECRET D'ALCÔVE

Le meilleur moyen de l'exciter est de faire ce à quoi il ne s'attend pas. Pendant l'amour, ne vous attaquez pas tout de suite à la zone brûlante : faites-le languir ! Conduisez-vous comme une nouvelle amante, dont il ne peut anticiper les caresses.

La beauté physique : ni suffisante ni nécessaire

Les hommes aiment regarder, mais les canons esthétiques ne suffisent pas à faire monter le désir en eux.

Les femmes à l'aise dans leur corps, ou fières de leur corps, ne sont guère nombreuses. Celles qui acceptent leur physique tel qu'il est ont un pouvoir de séduction largement supérieur à celui de leurs compagnes qui, bien que belles, cherchent toujours à plaire.

N'essayez pas de cacher ce que vous estimez être une imperfection physique pendant que vous faites l'amour. De toute façon, il verra votre ventre « pas assez plat », et cela d'autant plus que vous ruserez pour le dissimuler – autrement, il ne s'en soucierait pas.

N'affectez pas de pose, soyez naturellement sensuelle. Une avocate m'a raconté l'anecdote suivante : un soir, elle va dans un night-club avec deux amies. Elle porte un tailleur et des escarpins à petits talons. Tout en écoutant la musique, elle fait osciller l'une de ses chaussures au bout de son pied. Après quelques minutes, l'homme assis à la table voisine se lève, lui tapote l'épaule et lui dit : « Par pitié, arrêtez de faire ça. Vous me rendez fou ! » Peu après, ce monsieur a préféré quitter les lieux. Un simple geste, une attitude inconsciente peuvent susciter les désirs les plus insensés.

Si les hommes sont des voyeurs, s'ils fantasment sur des corps parfaits, sur votre propre corps avant le rendez-vous, une fois au lit ils attendent que ce corps – quelles que soient ses mensurations – soit vivant et désirant. Lorsqu'ils font l'amour avec une partenaire enthousiaste, les hommes oublient les imperfections : ils perçoivent comme idéal ce qu'ils ont entre les mains.

L'essentiel, nous ne le répéterons jamais assez, est que vous vous sentiez belle et désirable. Habillez-vous et agissez de telle ou telle façon pour lui plaire, mais seulement si vous y trouvez du plaisir. Ne mettez pas de porte-jarretelles et de string si ce n'est pas dans votre nature – et n'allez pas croire que la femme en dentelle noire et talons hauts est celle qui possède le plus grand pouvoir de séduction.

Un avocat de Boston m'a confié : « Ce qui m'excite le plus, c'est quand ma femme met mon caleçon et mon débardeur. Cela me rend fou ! »

SECRET D'ALCÔVE

Autant les hommes apprécient que les femmes soient réservées en public, autant ils aiment qu'elles se déchaînent en privé. Ce sont les contrastes qui les excitent le plus.

Beaucoup d'hommes préfèrent qu'une femme soit en jean et en T-shirt plutôt qu'en porte-jarretelles et balconnet. D'autres sont incapables de résister à une femme en pyjama de flanelle. Le secret, c'est de vous sentir à l'aise. Si vous êtes bien dans votre tête et dans votre corps, vous vous départirez de maintes inhibitions au lit.

Seul impératif : être impeccables l'un et l'autre. Aucune personne ne devrait subir de partenaire négligé. Je ne parle pas seulement des parties intimes, mais aussi des ongles, oreilles, cheveux, pieds…

Nous pensons toujours que nos partenaires prendront le même soin de leur corps que nous. Dans le cas contraire, nous répugnons à aborder le sujet : dire à un mari qu'il nous fait passer l'envie d'aller au lit parce qu'il ne s'est pas lavé est aussi gênant pour nous que pour lui. Mais nous n'avons pas à nous sentir « salies » par quelqu'un avec lequel nous avons des relations intimes. Faites-lui comprendre que, s'il est trop fatigué pour prendre une douche, il l'est aussi trop pour faire l'amour.

Atmosphère

L'atmosphère ne suffit pas : les plus grandes extases ne se programment pas. Et, si vous éprouvez un sentiment intense pour votre partenaire, et lui pour vous, ne lisez pas ce qui suit : romantiques ou lubriques, vos échanges n'en resteront pas moins amoureux.

Inutile d'être un artiste pour créer un climat excitant. Trouvez, avec votre partenaire, quels décors vous stimulent l'un et l'autre. Innovez, prenez des risques. Encore une fois, faites ce qu'il n'attend pas.

La chambre n'est pas le seul lieu propice à l'amour. Pensez à tous les endroits où votre partenaire et vous-même aurez envie de passer à l'acte. Des bougies, un feu de cheminée, une musique douce, du champagne, semblent offrir le cadre parfait… sauf pour ceux qui ont horreur des clichés, des artifices trop visibles. De fait, n'importe quel décor, n'importe quelle atmosphère est excitante. Vous n'êtes pas seules, mesdames, à préférer les lumières tamisées. En outre, un éclairage plus doux induit un rapprochement : on parle plus bas, on écoute l'autre avec plus d'attention.

Outre ces avantages évidents, une lumière filtrée sera plus flatteuse, car elle laissera rides et défauts physiques dans l'ombre.

SECRET D'ALCÔVE

Certes, on peut créer une atmosphère romantique avec des fleurs, une musique sensuelle, des mets rares, une nouvelle robe... Mais ne cherchez jamais à recréer un décor de film, ne soyez pas trop apprêtée. Le désir qu'on peut éprouver pour vous ne repose pas seulement sur le soin apporté à votre tenue... Soyez spontanée. Voir une femme boire une bière et dévorer un sandwich peut exciter autant un homme qu'un souper avec champagne et caviar.

Les bougies

Hormis leur aspect esthétique, magique, spirituel, les bougies diffusent un éclairage tendre, qui rassure les timides. Un nouvel amant, l'idée d'essayer une nouvelle pratique sexuelle peuvent vous rendre nerveuse. Inutile d'en rajouter avec l'éclairage cru d'un néon violent. En outre, ne l'oubliez pas, la peau n'est jamais aussi belle qu'à la lumière des bougies. C'est l'éclairage le plus pur, et le plus sensuel – pensez aux peintres flamands de la Renaissance.

Quelques conseils et idées

- Les hommes aiment les bougies parfumées aux agrumes.
- L'ylang-ylang est un parfum aux vertus aphrodisiaques.
- Il est préférable de ne pas mélanger senteurs florales et fragrances fruitées.
- La bougie parfumée à la vanille plaît à tous (ainsi, on ne prend pas de risques).
- Évitez les bougies trop odorantes pendant le dîner, car leur parfum risque d'interférer avec les saveurs des plats.
- Utilisez un bougeoir de préférence à un récipient de verre, qui risquerait de se briser sous l'effet de la chaleur.
- Mettez un peu d'eau au fond d'un bougeoir prévu à cet effet, ainsi la bougie s'éteindra d'elle-même si vous l'oubliez.

Parfums

- Piquant : sauge, cèdre, romarin, lavande, vanille.
- Fruité : poire, orange, pêche, citron.
- Huiles essentielles : patchouli, musc.

SECRET D'ALCÔVE

La télévision gâche l'intimité, car elle distrait. Si vous voulez capter son attention, dirigez-le vers des activités plus apaisantes, comme lire ou écouter de la musique.

2

L'ART DU BAISER

« Je détestais les baisers de mon mari, mais je n'arrivais pas à lui expliquer comment je voulais être embrassée. »

(Y., 36 ans, agent de change.)

Tout commence avec le baiser. Il est l'avant-goût, si j'ose dire, des choses sérieuses. Si un baiser est « plat », l'excitation retombe.

On méconnaît trop l'importance du baiser, qui agit comme un déclencheur. Nombre d'hommes et de femmes, déçus – ou lassés – par le baiser, font l'amour sans embrasser. Le plus souvent, ils ont la nostalgie des baisers ardents de leur jeunesse. Peu à peu, ils se sont mis à embrasser avec moins d'intensité, leurs baisers sont devenus moins fréquents, ont duré moins longtemps. La plupart des femmes ne savent pas quand la magie a cessé, mais elles rêvent de la retrouver. Tel est le triste constat de maints séminaires.

Les hommes veulent être sûrs qu'ils vous troublent – c'est d'abord cela qui les excite. À cet égard, un baiser peut être sans équivoque.

SECRET D'ALCÔVE

Nombre d'hommes observent la façon dont une femme mange et boit, pour avoir une idée de ses talents sensuels. Plus une femme a bon appétit, plus son partenaire peut s'attendre à la voir fougueuse et désinhibée.

Histoire du baiser

Embrasser pourrait bien être la plus belle façon de communiquer. Selon la légende, le baiser fut inventé par les chevaliers du Moyen Âge pour s'assurer que leurs épouses n'avaient pas bu d'hydromel en leur absence ! Heureusement, le baiser était appelé à d'autres destinées. Dans le passé, certaines jeunes filles croyaient que les bébés étaient le fruit de baisers passionnés. Ce qui est naïf, mais pas si bête, car cela révèle l'importance de ce contact. Les lèvres contiennent en effet autant de terminaisons nerveuses que les doigts, et sont très fines : d'où le plaisir du bouche-à-bouche.

L'origine du baiser remonterait à l'époque où la mère mâchait les aliments de son jeune enfant pour le nourrir. Le lien ainsi créé va bien au-delà du fait de donner et de recevoir. Il s'agit d'un échange réconfortant, qui octroie à chacun une place et une identité. Les bébés s'endorment souvent au sein après la tétée : ils trouvent un apaisement et un plaisir extrêmes à laisser leurs lèvres en contact avec la chair de leur mère.

Un baiser peut exprimer mille choses, mais je me limiterai à ceux qui attisent les braises de l'amour, qu'on échange avant, pendant, et après la fusion charnelle. Même si l'instinct suffit, quelques connaissances – et un rien de pratique – n'ont jamais nui.

Pour se préparer au grand frisson...

Première loi : veillez à ce que votre bouche sente bon.

Si l'haleine de votre partenaire vous rebute, dites-le-lui. Et si c'est lui qui vous en fait la remarque, prenez-le bien.

Pour cela, suivez ces préceptes :

• pensez à votre foie, ne le surchargez pas et, si besoin, purifiez-le avec des extraits de plantes – artichaut, camomille, saveurs amères ;

• après vous être brossé les dents, passez un petit coup de brosse sur votre langue et votre palais, pour les débarrasser des bactéries qui sont à l'origine des mauvaises odeurs ;

• glissez un petit sachet de pastilles à la menthe dans votre sac ;

• ne consommez pas de mets épicés, d'ail ou d'oignon, si votre compagnon n'en mange pas ;

• sachez que le persil, entre autres vertus, tue les odeurs. Ne le laissez pas sur votre assiette, au restaurant. Et, si vous cuisinez, parsemez-en vos plats ;

• si votre partenaire a mauvaise haleine, offrez-lui un bonbon à la menthe après en avoir vous-même pris un, pour ne pas l'offenser ;

• ayez toujours une boîte de fil dentaire sur vous. Si vous sortez sans sac, mettez-en une petite longueur dans votre soutien-gorge ou dans votre poche (n'en utilisez jamais en public) ;

- si un petit morceau d'aliment reste collé sur la joue ou la bouche de votre partenaire, essuyez-les délicatement avec votre serviette ;
- allez vous rafraîchir avant de quitter le restaurant – cela donnera l'opportunité à l'homme qui vous accompagne de faire de même.

La bouche est un symbole

Je me souviens du jour où, attablée à la terrasse d'un café avec un ami, je commandai un cornet de glace. Il m'observa un moment, puis il dit : « Si tu ne te dépêches pas de la sucer, notre table va décoller sous peu ! »

Quelques semaines plus tard, je m'arrête à un feu avec ma voiture. Une fille traverse le carrefour en léchant avec application une grosse glace. Le garçon qui m'accompagne me dit de regarder les hommes autour. Passants, automobilistes, ils ont tous les yeux rivés sur elle !

Une femme vivant en Floride m'a raconté une histoire éloquente. Un soir où elle se mettait du rouge à lèvres, avant de sortir avec son mari, celui-ci l'observa avec une patience inhabituelle.

— Je les fais belles pour te donner envie de les embrasser, chéri, jugea-t-elle bon de préciser.

— Ce n'est pas ça que j'ai en tête ! avoua-t-il en riant.

Pensez-y : pour eux, notre bouche est évocatrice d'autres délices.

SECRET D'ALCÔVE

Ne forcez pas sur le rouge à lèvres.

Dans le baiser, l'inspiration est essentielle

C'est pendant le prélude amoureux que le baiser est le plus chargé d'intentions. Toutefois, quel que soit le degré d'avancement de nos relations amoureuses, il participe de toutes les étapes.

Le baiser d'ouverture se doit d'être torride. Une femme, chef de publicité à Chicago, m'a expliqué : « Mon petit ami m'excite seulement en m'embrassant. Au bout de deux minutes, je suis dans tous mes états. Une fois qu'il est sur moi, et en moi, je sens son souffle, sa poitrine chaude. On s'embrasse, j'ai le sentiment d'être aimée, désirée, en sécurité. »

Il n'y a pas de baisers réussis ou ratés, mais seulement des baisers inspirés. Toutefois, si l'homme que vous aimez manque d'inspiration, aidez-le un peu. Avec diplomatie, pour ménager son ego :

- dites-lui que vous prenez un plaisir fou à embrasser ;
- embrassez-le comme vous aimez l'être, qu'il comprenne ce qu'on ressent ;
- puis arrêtez-vous, regardez-le et dites : « Tu veux me montrer ce que ça fait d'être embrassé par moi ? »
- s'il vous embrasse comme vous l'espériez, manifestez votre approbation, qu'il sache que vous êtes excitée. Les hommes se souviennent de ce qui donne des résultats ;

• s'il n'a pas compris, reprenez depuis le début. Puis variez.

Improvisez... avec méthode

N'embrassez un homme que si vous en avez réellement envie.

Faites en sorte qu'il sente l'intérieur de vos lèvres, plus doux et plus humide.

Commencez par un accompagnement discret, puis impliquez-vous progressivement.

Un homme adore être embrassé, suçoté, mordillé. Mais ne bâclez rien : chaque centimètre carré de son corps mérite votre attention.

Explorez toute sa bouche avec votre langue.

Continuez à l'embrasser en faisant l'amour. Le baiser favorise la fusion sensuelle – et spirituelle.

Faites durer le plaisir... Ou précipitez-vous ! Le fait de brûler les étapes peut être excitant. Mais si vous faites monter la tension lentement, cela crée une communion avec votre mari, une intimité que la jouissance n'effacera pas.

SECRET D'ALCÔVE

N'hésitez pas à lui mettre la langue dans l'oreille – il y a peu de risques que cela lui déplaise.

Les points sensibles à embrasser, sucer, mordiller

- Les lobes des oreilles.
- Le nombril.
- Les orteils et les doigts.
- Le dessous des genoux.
- La nuque, le cou.
- Le creux du coude.
- Les reins.
- Tous les endroits rarement exposés au soleil ou cachés par les vêtements.

La caresse ondulante

Outre le baiser, la caresse ondulante est un excellent moyen de réveiller un prince assoupi. Comme l'avouait un homme, lors d'un séminaire : « Toute créature virile peut rêver de douceur et de raffinement. Je garde le souvenir ému d'une femme qui m'a caressé le dos et les bras pendant des heures ! »

La caresse ondulante se fait en deux temps. Pour comprendre ce qu'il va ressentir, essayez sur votre jambe :

– griffez doucement – ou plus fort – la peau nue du genou au pubis, en droite ligne ;

– faites la même chose, mais en effectuant avec vos ongles une caresse plus flâneuse, sinueuse – plus ou moins large.

Tous les baisers

Le french kiss

Les Anglo-Saxons ont appelé ainsi notre baiser, qui nous a valu, chez eux, une réputation d'amoureuses accomplies. C'est en fait le baiser avec la langue. J'ai entendu parler d'un concours où un couple s'est embrassé vingt-quatre heures sans discontinuer. Conseil : variez le rythme, sucez la langue de votre partenaire… et déliez la vôtre !

Le baiser esquimau

C'est le baiser olfactif : on se frotte, joue contre joue, nez contre nez, pour humer l'odeur de l'autre.

Le baiser papillon

Il se pratique souvent entre parents et enfants. On bat des cils contre la joue de son partenaire.

Le baiser possessif

C'est un baiser chaste, mais appuyé, que votre mari vous fait quand vous avez parlé vingt minutes avec un homme charmant.

Le baisemain

On passe les lèvres doucement sur le creux de la paume de son partenaire – et on s'y s'attarde.

Les suçons

Pourquoi les réserver à l'adolescence ?

Les subtilités d'un art

Les baisers fougueux, qui vous coupent le souffle et vous tournent la tête, sont les meilleurs. Toutefois, un baiser discret – et inattendu – met souvent du baume au cœur. Le baiser rapide sur le front, sur les paupières, dans le cou, en public ou en privé, rassure : il montre qu'on peut aussi être aimée et embrassée de façon platonique. Le baiser qui suit l'extase resserre les liens, crée une complicité, prolonge la fusion en la sublimant au-delà du désir.

Pour conclure, un petit jeu d'adresse et d'amour. Les deux partenaires sont face à face, yeux fermés. Celui qui embrasse doit essayer de toucher les lèvres – et seulement les lèvres – de l'autre. Ce n'est pas si simple, mais après quelques tentatives, vous constaterez que chaque partie du visage dégage une chaleur particulière. C'est un moyen ludique de montrer son attention à l'autre – et qui peut avoir des conséquences insoupçonnées.

3

LA SÉCURITÉ : UNE AFFAIRE VITALE

« Vous êtes la personne la mieux placée pour vous protéger. »

(Linda Lou Paget)

Les maladies sexuellement transmissibles (MST)

Ce chapitre, qui traite du préservatif et des moyens d'éviter les maladies sexuellement transmissibles, est sans doute le moins attrayant. Mais je vous encourage vivement à le lire. On ne peut se permettre aujourd'hui d'avoir des relations sexuelles non protégées. Et je suis persuadée qu'avec un peu d'imagination, ces contraintes peuvent être détournées au profit de la sensualité.

Il n'y a pas si longtemps, on ne parlait que de contraception… À présent, nous sommes face à une réalité plus brutale, et nous n'en avons pas toujours conscience. Il n'y a pas que les homosexuels qui risquent d'attraper le virus HIV au cours d'un rapport, ou les morphinomanes par intraveineuses. Actuellement, aux États-Unis, les groupes les plus exposés au sida sont les hétérosexuelles et leurs enfants. En outre, il y a d'autres maladies sexuellement transmissibles, et également mortelles : le cancer du col de l'utérus, l'hépatite B.

Pourquoi être irresponsable ? Il n'y a rien de grossier à exiger des relations protégées tant que vous n'êtes pas sûrs l'un et l'autre d'être parfaitement sains. C'est une question de respect de soi et d'autrui – notions qui devraient être à la base de toute relation humaine, sexuelle ou non.

Ne jamais faire confiance

L'histoire d'Elena mérite réflexion. Cette femme demande au jeune homme qui la courtise s'il a fait le test du sida. Il répond qu'il est séronégatif. Six mois plus tard, ils décident de vivre ensemble. Le jour où ils s'installent dans leur nouvelle maison, Elena ressent de violentes douleurs à la poitrine et doit être hospitalisée d'urgence. On diagnostique une infection pulmonaire, due au virus HIV. Enquête faite, le compagnon d'Elena est séropositif depuis deux ans. Avant Elena, il a contaminé son ex-femme et son ancienne petite amie. On n'est jamais trop prudent.

Les mécanismes de la contagion

Si vous ne vous protégez pas, vous pouvez attraper une MST à tout moment, et avec n'importe qui. Même si vous avez peu de partenaires. Même avec votre premier amant. Un Américain sur quinze a contracté une MST en l'an 2001, et un Américain sur quatre en a déjà une. Bien souvent, les personnes atteintes se portent parfaitement. Les femmes, notamment, peuvent rester des années sans savoir qu'elles ont des chlamydiae – lorsqu'elles l'apprennent, le mal est irréparable. Certaines MST non soignées peuvent aboutir à une stérilité définitive.

Ces maladies se transmettent lors d'une pénétration – vaginale, orale ou anale – ou par simple contact entre le pénis et le vagin, la bouche ou l'anus. De la syphilis au sida, une femme peut infecter un homme ou une autre femme – il suffit d'un simple contact génital. Un homme peut infecter une femme ou un autre homme. Une femme peut transmettre l'herpès à son enfant au moment de l'accouchement, et d'autres maladies en l'allaitant. Le fait d'utiliser la même seringue en intraveineuse est un facteur de risque majeur – et pas seulement pour le sida.

Soyons franc : le risque zéro implique l'abstinence totale.

Ce qui est difficile. La chasteté n'est pas le propos de ce livre. La meilleure solution consiste donc à prendre le plus de précautions possible.

L'époque où l'on faisait l'amour avec un homme qu'on connaissait à peine et qu'on ne revoyait jamais est bel et bien révolue.

En théorie, les deux partenaires devraient pratiquer tous les tests qui permettent de détecter les MST connues, attendre six mois, puis refaire ces tests. Dans l'intervalle, ils n'auront pas de rapports sexuels non protégés – ni entre eux ni avec d'autres ; ils utiliseront systématiquement un préservatif pour toute pénétration.

Le préservatif vous met à l'abri d'une grossesse et des maladies vénériennes transmises par pénétration vaginale ou anale. Mais vous ne serez pas protégée des virus et des bactéries transmises lors d'un cunnilingus – saviez-vous qu'à la suite de pratiques buccales vous pouviez attraper une laryngite ?

Une autre façon de minimiser les risques est de limiter le nombre de partenaires. Si l'un des deux a plus d'un partenaire, le risque augmente. La confiance est vraiment un élément essentiel de toute relation. La plus petite infidélité, sans aucune conséquence hier, peut tuer aujourd'hui. Il ne s'agit pas d'un jugement moral, mais d'un fait. Si vous trompez votre mari ou votre amant, utilisez un préservatif.

Et si vous devez vous faire des intraveineuses, ne passez la seringue à personne – et n'utilisez pas une aiguille qui a déjà servi.

Les maladies

Voici la liste des maladies vénériennes les plus répandues, avec leurs symptômes et les remèdes qui y sont associés. Toutefois, certaines femmes n'ont aucun symptôme, et dans l'hypothèse où ils se manifestent, ceux-ci peuvent être liés à des maladies non vénériennes. Ne tirez jamais de conclusions hâtives, voyez d'abord votre médecin. Si celui-ci confirme vos craintes, suivez scrupuleusement ses prescriptions et informez votre – ou vos – partenaire(s). Cet aveu est parfois délicat mais, si vous taisez la chose, non seulement votre partenaire pourra passer la maladie à une troisième personne, mais il pourra vous réinfecter – outre les conséquences, qui peuvent être irréversibles, sachez qu'il pourra un jour se retourner contre vous et vous demander des dommages et intérêts.

Les infections à chlamydiae

Les chlamydiae se transmettent lors d'une pénétration vaginale ou d'une fellation. Ces bactéries peuvent occasionner une infection des trompes de Fallope, ce qui entraîne des douleurs chroniques, des grossesses extra-utérines, et parfois la stérilité. Nous pouvons transmettre des chlamydiae à notre bébé au moment de l'accouchement, provoquant en lui infections oculaires et pulmonaires.

Une infection à chlamydiae est souvent sournoise, les symptômes n'apparaissant qu'à un stade avancé de la maladie : il s'agit de douleurs en urinant, dans le bas-ventre, pendant les rapports sexuels, de saignements entre les règles, de pertes vaginales plus abondantes. On estime que quatre millions d'Américaines ont contracté cette infection en l'an 2001. Les hommes porteurs de ces germes ont des douleurs en urinant et des pertes péniennes.

Certains antibiotiques tuent les chlamydiae, mais avant tout traitement il convient de faire une analyse.

La gonococcie (ou blennorragie)

Très contagieuse, la blennorragie se transmet par simple contact avec le pénis, le vagin, l'anus, la bouche, et ce, sans pénétration. La femme peut contaminer son enfant au moment de l'accouchement, occasionnant chez lui une infection oculaire, auriculaire ou pulmonaire.

Cette infection microbienne, comme celle à chlamydiae, est souvent détectée très tard. Elle peut causer dans certains cas une stérilité irréparable, des grossesses extra-utérines et des douleurs chroniques.

Symptômes : douleurs dans le bas-ventre, saignements entre les règles, pertes purulentes (vaginales ou péniennes), douleurs en urinant, fréquent besoin d'uriner (pour les hommes comme pour les femmes). Cette maladie peut également être asymptomatique.

Détectée à temps, elle se soigne facilement avec des antibiotiques.

Dans le doute, faites faire des analyses complètes.

Les inflammations de la région pelvienne

Ce mal est souvent la conséquence d'une infection à chlamydiae ou à gonocoques non soignée. Il se manifeste par des douleurs dans le bas-ventre, mais aussi par des saignements entre les règles, des pertes vaginales plus importantes ou inhabituelles, des nausées, des vomissements, de la fièvre accompagnée de frissons. Il est la principale cause de stérilité aux États-Unis. Détecté à temps, il n'est pas mortel et n'entraîne pas la stérilité – si les trompes de Fallope n'ont pas été atteintes par les bactéries.

La syphilis

C'est une infection bactérienne très dangereuse – mais désormais très rare. Toutefois, si l'on ne soigne pas une syphilis, la maladie provoque des lésions cardiaques, cérébrales, oculaires et articulaires irréversibles.

40 % des femmes enceintes atteintes de la syphilis perdent leur enfant à la naissance. Leur bébé peut également présenter des malformations physiques.

Symptômes : plaies non douloureuses, éruptions et rougeurs sur les paumes des mains et les pieds, ganglions gonflés, lésions cutanées.

Si les éruptions évoluent en lésions cutanées, la syphilis devient extrêmement contagieuse s'il y a pénétration – orale, vaginale ou anale. Elle se transmet également par les plaies ouvertes. Détecté à temps, ce mal est curable avec des doses massives d'antibiotiques. Les hommes et les femmes présentent les mêmes symptômes.

La vaginite

C'est une infection plus gênante que dangereuse, qui se soigne facilement.

Elle est causée par un microbe de forme amibienne (les trichomonas) qui se transmet lors des rapports sexuels. On estime que trois millions de personnes contracteront une infection à trichomonas cette année. On peut attraper une vaginite à la suite de lavements vaginaux, d'une prise d'antibiotiques, d'un régime alimentaire trop pauvre en nutriments, après l'utilisation de lubrifiants, de vaporisateurs et de certains moyens de contraception. Les savons parfumés, les déodorants, les antiseptiques, les teintures des sous-vêtements ou des papiers hygiéniques peuvent aussi en être la cause. Toutes les formes de vaginites ne sont pas sexuellement transmissibles.

Symptômes : pertes vaginales blanches ou grises avec une odeur inhabituelle, douleurs durant les rapports sexuels et en urinant.

L'herpès

Il s'agit d'une MST très répandue. L'herpès génital touche 30 millions d'Américains – les statistiques rapportent 300 000 nouveaux cas aux États-Unis en 2001. L'histoire de cette femme, comptable dans le Milwaukee, est édifiante. Après trois ans d'abstinence, elle a des rapports sexuels avec l'un de ses collègues de travail. Après avoir bu quelques verres, un vendredi soir, ils se retrouvent dans son lit. Trois semaines plus tard, elle constate des plaies ouvertes et douloureuses sur ses petites lèvres. Son médecin lui confirme qu'il s'agit d'un herpès génital. Elle appelle son ami, qui est surpris : n'ayant jamais eu de poussée d'herpès, il ignorait qu'il était porteur du virus.

Il y a deux types de virus HSV, le HSV 1 et le HSV 2. Le HSV 2 occasionne plus souvent un herpès génital, mais l'un comme l'autre donnent à la fois de l'herpès génital et des boutons de fièvre.

Ce virus se transmet par l'intermédiaire de n'importe quelle muqueuse – y compris l'œil – ou lésion cutanée. La première poussée d'herpès génital dure généralement entre 12 et 15 jours, les poussées suivantes sont plus courtes (4 ou 5 jours) et moins virulentes. Ce mal est très contagieux durant une poussée, mais le témoignage précédent démontre qu'il peut aussi se transmettre quand le virus est en sommeil. Il n'y a pas de remède radical à l'herpès, quoique certains médicaments, comme le Zovirax ou le Zelitrex, en atténuent considérablement les manifestations et empêchent les récidives. Si on ignore ce qui provoque ces récidives, on sait qu'un stress violent peut en déclencher une.

Le malade présente toujours les mêmes symptômes : des renflements douloureux et/ou qui démangent, des boutons de fièvre. Des lésions au bord ou à l'intérieur du vagin et/ou du rectum pour les femmes, sur les organes génitaux – souvent près du gland – pour les hommes.

Les symptômes de l'herpès sont désagréables, mais la maladie est surtout dangereuse pour une personne dont le système immunitaire est déficient, et pour le fœtus. Le plus souvent transmis à l'enfant au moment de la naissance, l'herpès peut provoquer des ampoules douloureuses sur les paupières ou des lésions oculaires. Un bébé sur six atteint d'herpès ne survit pas. Si la mère se sait porteuse du virus, pour ne pas transmettre son mal elle doit accoucher par césarienne.

Les papillomavirus

Il s'agit d'un virus à ADN. Il en existe plus de 70 types. C'est la MST la plus répandue. Les statistiques prévoient 1 million de nouveaux cas aux États-Unis cette année. La maladie peut n'être accompagnée d'aucun symptôme, mais certains papillomavirus provoquent des excroissances sur la vulve, au bord du vagin ou autour de l'anus, sur le col de l'utérus, le scrotum, l'aine ou la cuisse. Les hommes infectés peuvent présenter des excroissances non seulement sur le pénis, mais également sur l'urètre ou dans la région anale. Ces excroissances peuvent être bombées ou plates, isolées ou multiples, petites ou grosses. Tout homme et toute femme ayant une vie sexuelle est susceptible de contracter une infection à papillomavirus – par contact direct lors d'une pénétration vaginale, orale ou anale avec un partenaire infecté.

On dit, à tort, que les papillomavirus provoquent, à terme, des cancers du col de l'utérus. En fait, on a isolé deux papillomavirus qui peuvent effectivement causer ce type de cancer – détectés dans les premiers stades, ils sont rarement mortels. D'autres virus, qui provoquent des grosseurs, ne sont pas oncogènes. Tous ces virus peuvent ne pas se manifester pendant des années. Ils se détectent souvent à l'occasion d'un frottis.

Les excroissances peuvent être traitées de différentes façons, par une application de neige carbonique, par la chirurgie laser, l'allopathie et diverses crèmes. Cela dit, cette infection est curable. Quant aux cancers du col de l'utérus, détectés dans les premiers stades, ils sont rarement mortels.

Certains scientifiques américains avancent l'hypothèse suivante – peu encourageante : 30 % des personnes ayant eu des rapports sexuels sont porteuses d'un papillomavirus ; le pourcentage est plus élevé dans certaines tranches d'âge, et selon le lieu de résidence.

Mieux vaut prévenir que guérir : aussi je conseille aux femmes de se soumettre régulièrement à des analyses.

Les hépatites B et C

Ce sont des maladies du foie. Il existe au moins deux formes d'hépatites sexuellement transmissibles : la B et la C. Ces maladies sont incurables et beaucoup plus infectieuses que le virus HIV. Elles se transmettent par le sperme, les sécrétions vaginales et la salive, et le risque est grand que la femme enceinte infecte son enfant.

On peut attraper une hépatite B à la suite d'une pénétration vaginale, orale ou anale. On peut aussi contracter le virus par contact direct avec des personnes présentant des plaies ouvertes ou des coupures. Si une personne vivant sous votre toit est atteinte de la maladie, vous pouvez être contaminé en utilisant sa brosse à dents ou son rasoir – ou en mettant ses boucles d'oreilles (dans une oreille percée).

Dans sa forme la plus bénigne, l'hépatite B peut ne pas se déclarer. Mais certaines finissent par évoluer en cirrhose et/ou en cancer du foie. Le risque de développer cette forme de cancer est 200 fois plus élevé si vous avez une hépatite B ou C. Les symptômes sont très semblables à ceux de la grippe intestinale. Contactez immédiatement votre médecin si vous souffrez de nausées, d'une fatigue soudaine et inexplicable, si vos urines sont foncées, le blanc de vos yeux et votre peau jaunes.

Cette maladie se soigne par le repos et un régime riche en protéines et hydrates de carbone. Il existe un vaccin contre l'hépatite B – consistant en trois injections dans le bras –, mais qui déclenche chez certains sujets des scléroses en plaques ! L'hépatite B infecte essentiellement les sujets de quinze à trente ans, mais une fois que vous l'avez, vous serez porteur du virus toute votre vie.

Qu'est-ce que le sida ?

En 1998, l'Organisation mondiale de la Santé estimait que 50 % des séropositifs ignoraient leur état.

Définition : séropositivité et sida. Le syndrome d'immunodéficience acquise (sida) est causé par une infection due au virus HIV – Human Immunodeficiency Virus (ou VIH : virus de l'immunodéficience humaine). Lorsqu'une personne est séropositive, cela signifie que son métabolisme a été en contact avec le virus HIV et a fabriqué des anticorps. On ne peut avoir le sida sans avoir été d'abord infecté par le virus HIV. On peut être séropositif sans présenter les symptômes du sida.

Être séropositif signifie avoir été exposé – et avoir réagi – au virus HIV par des anticorps. En 1993, l'Organisation mondiale de la Santé a établi une liste officielle des critères permettant de différencier séropositivité et sida, afin que soient affinées les statistiques utilisées dans la recherche, et pour permettre aux praticiens de définir l'état de leurs patients vis-à-vis des assurances sociales.

Transmission. Ce virus se transmet par le sang, le sperme, les sécrétions vaginales et le lait maternel. La toux des autres, les aliments, les piqûres de moustique, les sièges des toilettes publiques, l'eau des piscines, le fait de toucher quelqu'un ou de donner son sang ne vous expose pas. On n'attrape pas ce virus en embrassant, sauf si le partenaire est à un stade avancé de la maladie et présente des plaies ouvertes dans la bouche – dans ce cas, comme dans celui d'une personne atteinte depuis moins longtemps, mais qui a des saignements dans la bouche, le virus se transmet probablement plus par le sang que par la salive. Le HIV n'est pas un virus qui circule dans l'air et on ne l'attrape pas par simple contact physique.

Les types de virus. Il en existe plusieurs. Aussi une personne séropositive peut-elle être à nouveau infectée par un autre type de virus – elle est même plus exposée qu'un sujet sain aux autres formes de virus, étant déjà affaiblie. Certains virus sont très agressifs, d'autres peu. Selon leur nature, vous pouvez rester en forme des années ou développer un sida en quelques mois.

Symptômes. Il n'y a généralement pas de symptômes trahissant la séropositivité. Certaines personnes peuvent être infectées par le virus et rester en pleine forme de nombreuses années. Le virus HIV finit presque toujours par provoquer un sida, et comme le système immunitaire s'affaiblit, les symptômes peuvent aller d'une simple grippe à un cancer. Ces infections sont dites opportunistes et ne concernent que les personnes dont le système immunitaire est affaibli. Un malade qui vient par exemple de subir une chimiothérapie peut être la cible de ces virus, protozoaires, bactéries et autres champignons parasites.

Bien qu'il n'existe aucun remède contre le sida, certains médicaments ralentissent le phénomène d'effondrement des défenses immunitaires.

Tout homme et toute femme ayant une vie sexuelle active devraient faire le test du sida et attendre six mois pour avoir des rapports sans préservatif (après avoir fait un nouveau test).

Un sida déclaré se définit comme suit :

– par une séropositivité et une infection opportuniste. Il existe environ 25 formes connues d'infections opportunistes ;

– par une séropositivité et un nombre de lymphocytes inférieur à 200 par mm^3 de sang ;

– par une séropositivité et une tuberculose pulmonaire, un cancer du col de l'utérus qui se généralise, ou des pneumonies à répétition.

Le virus HIV affaiblit en effet le système immunitaire, et rend l'organisme incapable de se défendre contre les maladies courantes – et les autres. Il infecte près d'un million d'Américains.

Pour ne jamais attraper le sida

Mieux vaut éviter de croire ses partenaires sur parole, comme en témoigne l'histoire de Sharon.

Cette jeune femme, qui était la petite amie d'un monsieur participant à mes séminaires, a le coup de foudre pour un présentateur sportif, qu'elle épouse quelques semaines plus tard.

Peu après leur lune de miel, son époux se désintéresse du sexe. Leur relation se dégrade. Ils divorcent au bout d'un an, alors que Sharon est enceinte. Son ex-mari se réjouit à l'idée d'être père, puis cesse brusquement de voir sa fille. Peu après, Sharon regarde la télévision : un journaliste y interviewe un homme qui se meurt du sida. Elle doit s'asseoir sous le coup de l'émotion : le malade est son ex-mari, et le père de sa fille. Son visage est dans l'ombre, on a modifié sa voix, mais elle reconnaît ses gestes et un pull-over qu'elle lui a offert. Elle fait aussitôt le test du sida et apprend qu'elle est séropositive.

Il est essentiel que vous voyiez les résultats du test HIV de votre partenaire – de même que toutes les analyses prouvant qu'il n'est atteint d'aucune maladie sexuellement transmissible. Et cela, même si vous le connaissez bien. Il est aussi essentiel qu'il voie les résultats de vos analyses. Le mieux est de le devancer et de lui montrer ceux-ci, comme gage de transparence – et pour l'inciter à faire de même. Si votre mari refuse de vous montrer ses résultats, refusez d'avoir avec lui des rapports sexuels non protégés. En vous cachant son état de santé, c'est la vôtre qu'il met en danger – sans parler de votre vie. Pourquoi cacher son état de santé si celui-ci est bon ?

TEST HIV, ANONYME OU CONFIDENTIEL ?

Lorsque vous faites ce test, pensez à la nuance – d'importance – entre un test confidentiel et un test anonyme. Lors d'un test anonyme, seul un nombre ou une série de lettres vous identifie. Après qu'on a prélevé votre sang, vous vérifiez que les lettres ou les chiffres portés sur l'éprouvette sont les mêmes que ceux inscrits sur votre fiche d'identification. Une semaine plus tard, vous vous présentez au laboratoire et vous demandez les résultats (ces laboratoires ne les communiquant jamais par téléphone). Lors d'un test confidentiel, les résultats sont adressés à l'intéressé.

Faites deux tests : entre les deux, laissez passer six mois. Les anticorps peuvent n'apparaître qu'après ce laps de temps. Cependant, la séropositivité est détectable après trois mois chez 95 % des malades.

Les préservatifs

Je vous ai parlé des maladies vénériennes les plus courantes – sachez que la science en a identifié plus de 50 ! Mon but n'est pas de vous effrayer, mais de vous informer. Se protéger est une question de respect de soi et d'autrui. On ne conduit pas sans assurance, on n'habite pas une maison qui n'est pas assurée.

Les préservatifs en latex sont à ce jour la meilleure garantie qui existe. S'il s'agit d'éviter une grossesse, vous pouvez oublier de prendre des précautions plusieurs fois sans être enceinte. Mais il suffit d'un rapport non protégé pour contracter une MST. Pourquoi risquer bêtement sa vie ?

Les condoms en boyau d'animaux, quant à eux, ont un goût affreux. En outre, ils ne protègent que des grossesses non désirées : très poreux, ils laissent passer les germes microscopiques responsables des maladies vénériennes.

Le Nonoxynol-9

Sachez que les gels spermicides contenant du Nonoxynol-9 ne limitent que les risques de grossesse et n'empêchent nullement la transmission des maladies vénériennes. On devrait en fait utiliser les gels spermicides en plus des condoms – et jamais en remplacement de ceux-ci. Le Nonoxynol-9 est une substance antiseptique qui détruit le virus HIV dans les expériences in vitro. Mais rien ne prouve qu'il tue le HIV qui pourrait vous infecter. Et, pour nombre de femmes, cette substance irritante – que l'on trouve dans certaines crèmes, certains gels lubrifiants, et sur les préservatifs – serait la cause de vaginites chroniques et d'infections urinaires.

La « cape » contraceptive

Le préservatif féminin – ou cape contraceptive – en polyuréthane Ovès est épais, solide. Pour l'essentiel, il s'agit d'un produit étonnant. On peut insérer les préservatifs Ovès plusieurs heures avant les rapports sexuels. On peut également utiliser un lubrifiant à base d'huile ou d'eau. Ce préservatif est idéal pour les personnes allergiques au latex et présente l'avantage d'être utilisable lors des pénétrations anales. Il a toutefois un défaut majeur : les risques de grossesse sont de 24 % sur un an !

Les préservatifs en latex

• Évitez les préservatifs fabriqués en Chine ou en Corée, souvent fabriqués avec un latex de mauvaise qualité.

• Méfiez-vous des nouveautés, par exemple du préservatif fluorescent, qui ne vous protège ni des maladies vénériennes ni des grossesses non désirées.

• Si l'idée d'acheter des préservatifs en pharmacie vous pose problème, commandez ceux-ci sur Internet (voir la liste des sites en fin d'ouvrage).

• Un fabricant de préservatifs masculins, Avanti, a écrit sur la boîte : « On ne peut évaluer précisément les risques de grossesse et d'infections vénériennes – dont la contamination par le virus HIV – liés à ce préservatif. Une étude est en cours. Vu le pourcentage de condoms de cette marque déchirés lors des essais pratiqués par nos expérimentateurs – 25 –, je ne puis vous recommander ce produit jusqu'à ce que l'étude précitée soit achevée. »

• La marque de condoms la plus utilisée par les établissements de prostitution légale au Nevada sont les produits Ansell : Prime, Contempo et Lifestyles – sans Nonoxynol-9.

Quand un préservatif craque

N'importe quel préservatif peut se rompre durant un rapport sexuel, pour maintes raisons. Gardez en mémoire les considérations suivantes si vous utilisez des préservatifs :

• une déchirure est forcément due à une manipulation incorrecte – vous avez ouvert le sachet avec les dents, gardé le préservatif dans votre portefeuille pendant des mois, utilisé un lubrifiant à base d'huile ;

• à l'occasion d'une étude, le docteur Bruce Voeller, directeur de la fondation Mariposa, a découvert que les briseurs chroniques de préservatifs sont des utilisateurs forcenés de crème pour les mains, dont ils se servent comme lubrifiant sexuel. Un lubrifiant doit être à base d'eau, or la plupart de ces crèmes contiennent des huiles ou divers corps gras. Or, ceux-ci crèvent le latex. Vérifiez donc toujours la composition des produits que vous utilisez avec les condoms. Choisissez des lubrifiants à base d'eau, seuls compatibles avec le latex, comme Astroglide, Sensura ou K-Y (pour les lubrifiants, voir chapitre 4, p. 67).

Quelles excuses invoquent-ils pour ne pas mettre de préservatif ?

Un plaisir moindre. Les femmes qui, dans mes séminaires, ont eu des rapports sexuels non protégés, indiquent toujours que leur compagnon éprouve moins de plaisir avec un préservatif. Il faut le reconnaître : les sensations sont moins vives. Toutefois, après la période de probation de six mois, vous pourrez – si vous êtes sains l'un et l'autre – avoir des rapports sexuels sans préservatif.

Ils sont trop petits : mensonge ! Parmi les hommes qui ne se protègent pas, certains affirment qu'ils ne trouvent pas de préservatifs à leur taille : ils seraient trop petits ! Chaque fois qu'un homme vous dit cela, prenez un préservatif de taille standard, resserrez vos doigts en forme de bec d'oiseau, introduisez-les et tirez le préservatif jusqu'au-dessus de votre coude (il ira jusque-là, croyez-moi, mais prenez garde à vos ongles !). Puis demandez à l'homme concerné si son sexe dépasse de beaucoup votre avant-bras. Quand je fais l'expérience dans un séminaire, je déclenche l'hilarité.

Ils sont trop petits : c'est vrai ! Certains hommes sont plus à l'aise dans un préservatif surdimensionné. En effet, si votre compagnon a un sexe très large, un condom de taille normale peut le serrer à la base du pénis, ou au niveau du gland, et il peut en souffrir.

Comment leur enfiler un préservatif : la méthode italienne

Définition. Il y a une façon de mettre un préservatif qui plaît aux hommes, une astuce inventée par les « professionnelles ». Je l'ai appelée la méthode italienne. On enfile le préservatif avec la bouche.

Une petite anecdote. Il y a quelques années, une femme de cinquante-deux ans, styliste, vient me voir. Elle a rencontré un homme. Ils ont décidé d'avoir des relations sexuelles protégées. La dame, qui est divorcée, ignore la méthode italienne. Je la lui explique. Elle me quitte, très sûre d'elle, ravie de constater que ses nouvelles connaissances stimulent déjà sa libido. Le jour de leur premier rendez-vous intime, son amant sort un condom de sa poche – elle-même en a apporté plusieurs – et lui demande, penaud : « Tu sais comment mettre ce truc ? » La dame le regarde et dit : « Oui, mais seulement avec la bouche. » Il n'en croit pas ses oreilles et lui demande de répéter. Ce qu'elle fait, puis, devant son insistance, elle lui avoue avoir participé à un séminaire de pratique sexuelle et d'informations sur les rapports sans risques. Quatre ans plus tard, le sérieux et les capacités sensuelles de la dame en question le séduisent toujours.

Cette histoire me ravit. Toutefois, je tiens à préciser que j'ai passé du temps avec cette dame. Je l'ai laissée faire des erreurs, puis recommencer. La méthode italienne requiert une certaine pratique – je vous suggère de vous entraîner sur un concombre, ou sur un godemiché –, mais l'effet est garanti.

SECRET D'ALCÔVE

Ne mettez ni rouge ni brillant à lèvres si vous pratiquez la méthode italienne : ils contiennent des corps gras qui provoqueraient une déchirure du latex.

Comme me l'a dit un scénariste de Los Angeles : « C'est excitant d'un bout à l'autre ! J'adore regarder ses seins quand elle se penche vers moi, sentir la pression et la chaleur de sa bouche qui descend lentement jusqu'à la base de mon sexe. C'est comme si nous étions les vedettes de notre propre film X ! »

Mais attention : n'utilisez que des préservatifs en latex pour pratiquer la méthode italienne.

Entraînons-nous d'abord. Si cette méthode ne vous tente pas, ne vous forcez pas – mais utilisez néanmoins des préservatifs.

Tout d'abord, deux exercices avant de commencer :

– mettre la bouche dans la position du flûtiste ;

– ouvrir la bouche et recouvrir vos dents avec vos lèvres.

Passons à la pratique. La méthode italienne comprend six étapes, qu'il convient de respecter scrupuleusement :

1. Humectez vos lèvres avec un lubrifiant incolore (un gel teinté ne pose aucun problème, mais il ferait ressembler votre bouche à celle d'un clown). Vous pouvez appliquer le lubrifiant vous-même ou demander à votre partenaire de le faire.

2. Un paquet de trois condoms devrait suffire – évitez les grandes boîtes, votre partenaire en tirerait des conclusions. Sortez un préservatif de son emballage. Prenez l'extrémité en forme de tétine entre le pouce et l'index, comme si vous teniez un mini-sombrero par la pointe – mais attention : les bords du sombrero doivent s'enrouler vers l'extérieur (autrement vous ne pourriez pas dérouler le condom le long du pénis).

3. Retournez le préservatif, pointe en bas – comme si vous teniez le sombrero à l'envers – et déposez une goutte de lubrifiant à base d'eau dans le réceptacle, de la grosseur d'un petit pois. N'allez pas au-delà du réceptacle : une trop grande quantité de gel empêcherait le préservatif d'adhérer au pénis. (Pourquoi une aussi petite dose de lubrifiant ? Pour deux raisons. D'une part, le condom va se dérouler en douceur sur la partie la plus sensible de son sexe – le gland. D'autre part, le condom bougera légèrement sur son gland pendant la pénétration, ce qui lui procurera des sensations plus fortes.)

4. Avancez les lèvres en les resserrant, comme si vous alliez donner un baiser à quelqu'un, mais veillez à ce qu'elles ne se touchent pas. Pendant une minute, vous allez ressembler à un enfant de chœur, mais rassurez-vous : la méprise est de courte durée. Placez le condom à l'entrée de la bouche. Pratiquez une légère succion pour maintenir les bords du sombrero à l'extérieur des lèvres – vos lèvres toujours dans la position du flûtiste.

5. Tenez son pénis d'une main et approchez votre bouche de son gland. Pas trop lentement, afin que le gel ne goutte pas. Relâchez légèrement l'aspiration pour laisser le préservatif se poser sur son gland.

4

5

6

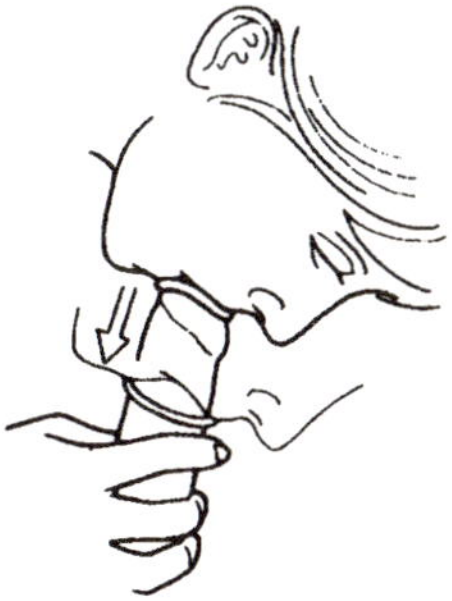

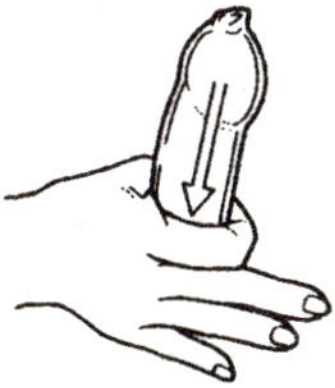

Collez-le au gland avec votre langue, dans un mouvement descendant.

6. Placez vos lèvres lubrifiées sur vos dents, puis poussez doucement mais fermement sur le bord du préservatif pour le faire descendre le long du pénis d'un seul mouvement. Cela ne peut marcher que si vos lèvres recouvrent vos dents. Dans le cas contraire, non seulement vous risqueriez de blesser votre partenaire, mais vous n'auriez pas la force de dérouler rapidement le préservatif jusqu'à la base du pénis – vos lèvres ont en effet besoin du soutien de vos dents. Si vous ne réussissez pas à dérouler le préservatif d'un seul coup, ne vous inquiétez pas : peu de femmes y arrivent les premières fois. Descendez aussi bas que possible, puis terminez avec vos doigts.

Attention : ne lambinez pas durant les étapes 4, 5 et 6, afin que le gel ne coule pas sur le pénis.

SECRET D'ALCÔVE

Pour la méthode italienne, ne prenez que du latex, mais évitez qu'il soit enduit de Nonoxynol-9. Cette substance a très mauvais goût, et provoquera en outre un engourdissement momentané de la langue, de l'intérieur des lèvres et de la bouche.

4

LUBRIFIER OU NON ? LA QUESTION NE SE POSE PAS

« Qui aurait dit qu'on pouvait arriver à de si grands résultats avec si peu de choses ? »

(G., 32 ans, participant à l'un de mes séminaires.)

L'histoire débute très innocemment. Au début de son mariage, une femme change de moyen contraceptif et s'aperçoit que celui-ci diminue ses sécrétions vaginales. Un soir, elle se met un peu de lubrifiant avant de rejoindre son mari au lit. Ils s'embrassent, puis son époux glisse sa main entre ses cuisses. Il est si fier et si excité de constater l'effet de ses baisers, que sa femme n'a pas le cœur de lui avouer sa supercherie. Mieux : ce soir-là, il lui fait l'amour de façon si passionnée que, dix ans après, elle use toujours de ce subterfuge. Le mari continue à penser qu'il l'excite follement, et elle jouit toujours de cette méprise.

Bien que je sois totalement opposée au mensonge entre partenaires, je trouve que ce monsieur a tout intérêt à rester dans l'illusion. D'ailleurs, l'est-il ? La dame garde le flacon sur sa table de chevet.

Les lubrifiants sont une invention formidable. Je ne connais aucun produit en vente dans le commerce qui contribue autant à intensifier le plaisir et à faciliter les jeux sexuels. Or, une large part de la gent féminine n'en a pas encore découvert les vertus, ce qui me surprend toujours. Comme l'a dit un entrepreneur de Sacramento, âgé de trente-neuf ans : « Je n'aurais jamais imaginé que sa main puisse me procurer des sensations pareilles ! »

Nombre de femmes présentes à mes séminaires n'utilisent pas de lubrifiant, de peur que leur mari ne pense qu'elles sont incapables de s'exciter spontanément. Les hommes qui n'en usent pas ont les mêmes craintes : que nous pensions qu'ils ne sont pas assez émoustillés.

MISE EN GARDE

Aimer ou non les sensations que procurent les lubrifiants est une affaire de goût. Si vous êtes prédisposée aux infections vaginales ou urinaires, ne les utilisez pas – certaines femmes sont en effet très sensibles aux substances modifiant le pH du vagin, comme les savons et les lingettes parfumées. Évitez aussi de vous mettre du produit dans les yeux, notamment du lubrifiant à base d'huile, très piquant. Quant aux produits à base d'eau, ils ne provoquent pas de picotements, mais peuvent vous brouiller la vue un bon moment.

Quelle que soit la méthode d'application que vous emploierez, que vous vous inspiriez de mes exemples ou que vous innoviez, la chose doit être un plaisir.

SECRET D'ALCÔVE

Les femmes se rendent naturellement accueillantes, même pendant leur sommeil. Il est donc possible, mesdames et mesdemoiselles, que vos fluidités naturelles ne soient pas en rapport avec ce qu'il est en train de vous faire.

Certes, mère Nature nous a donné la capacité de nous rendre accessibles dès que nous avons envie de faire l'amour, afin de faciliter la pénétration – sans imaginer que les antibiotiques, l'alcool, les nourritures salées influeraient sur son œuvre. Mais l'échange sexuel n'était pas destiné à durer des heures et à provoquer de tels transports. Aussi le lubrifiant apporte-t-il sa goutte – modeste, mais utile – à l'édifice. Si vous en utilisez, loin de faire fuir ces messieurs, vous les verrez reconnaissants. Pour preuve, cette remarque d'un homme d'affaires new-yorkais de quarante-deux ans : « Je vais inventer une ceinture de lubricité, avec un lubrifiant d'un côté, et un vibromasseur de l'autre ! »

Quel est le meilleur lubrifiant ?

Il n'y a pas deux femmes qui s'émeuvent de la même façon et pour les mêmes raisons. Outre les motifs biologiques qui incitent à user d'un lubrifiant, celui-ci revêt un aspect ludique. L'une de mes clientes adore s'en servir au téléphone. Elle appelle son mari au bureau, puis elle ouvre le couvercle de son flacon contre le combiné – elle utilise du Midnite Fire. Ce bruit caractéristique rend son mari fou de désir. Il est prêt à tout pour rentrer le plus tôt possible à la maison !

Les pharmacies, et Internet, proposent une importante gamme de lubrifiants, à base d'eau, d'huile, parfumés, sans parfum, sapides, insipides, colorés, translucides, liquides, en gel. Comment arrêter son choix ? Voici ce qu'il faut savoir quand on en achète :

- Souvenez-vous que l'huile a un effet désastreux sur le latex : les corps gras font craquer les condoms qui sont en cette matière. Les lubrifiants à base d'huile sont parfaits pour les jeux manuels, mais si vous avez l'intention de poursuivre – et d'utiliser un préservatif – prenez un lubrifiant à base d'eau. Lisez toujours la liste des composants. Lorsque le lubrifiant vous semble un peu collant ou gélatineux – en raison de l'évaporation –, quelques gouttes d'eau lui rendront ses propriétés. Voici aussi pourquoi il est toujours bon d'avoir un verre d'eau sur sa table de nuit ;

- si vous avez la peau sensible ou sujette à des inflammations, prenez garde que ne figure pas parmi les composants le spermicide Nonoxynol-9, très irritant tant pour les hommes que pour les femmes. Il est présent dans les mousses, gelées, ovules et films contraceptifs. Il s'insère dans le vagin, où il prend la consistance d'une gelée sous l'effet de la moiteur et de la chaleur ;

- attention au produit que vous employez : Éros, Millennium et Platinum sont trois nouveaux lubrifiants au dimethicone (dérivé siliconé), dont on ignore les effets. Il semble plus prudent de les réserver à un usage externe.

J'ai constitué une équipe de volontaires pour tester les lubrifiants. Les résultats de leurs efforts figurent ci-dessous, quoique cette étude n'ait rien d'exhaustif.

Pour les activités manuelles

Astroglide (incolore). Le slogan d'Astroglide : « On s'y tromperait » est vrai : d'après nos expérimentateurs, il est le lubrifiant le plus proche de nos moiteurs intimes. C'est le lubrifiant à base d'eau le plus connu et le plus facile à trouver. Il a un léger goût sucré et il est sans odeur. On peut le commander sur Internet.

Sensura/Sex Grease (incolore). Maints connaisseurs le considèrent comme le meilleur lubrifiant à base d'eau. Ce liquide épais et translucide, à texture veloutée, reste longtemps actif. Ce produit est vendu sous deux noms : Sensura pour les dames (flacon rose), Sex Grease pour les messieurs (flacon noir).

K-Y Liquid (incolore). C'est la version aqueuse et liquide du lubrifiant classique. Il est semblable à Astroglide par son goût et sa texture.

De Lube (incolore). L'un des nouveaux venus sur le marché. De texture légère, De Lube est transparent et inodore. Vite devenu un classique du genre, il a un avantage majeur : l'un de ses composants – le chlorure de benzalonium – augmente la sensibilité de la peau et intensifie les sensations (ce produit est utilisé comme spermicide au Canada et en Europe).

Body Wise Liquid Silk (incolore). Lubrifiant anglais à base d'eau, sans glycérine, crémeux mais pas collant.

SECRET D'ALCÔVE

La plupart des femmes préfèrent les lubrifiants incolores : ils ne tachent ni les draps ni les sous-vêtements.

Midnite Fire (incolore). Ce lubrifiant original est source de mille plaisirs. Non seulement il existe en plusieurs parfums, mais il chauffe lors des stimulations manuelles – et sa température monte encore si la bouche s'en mêle. Mais n'ayez pas d'inquiétude : Midnite Fire ne brûle pas !

Ce lubrifiant à base d'eau est performant autant en usage externe qu'interne. Bien que l'étiquette le vante comme « la lotion de massage de tous vos ébats », Midnite Fire est de texture trop épaisse pour être utilisé en massage sans adjonction d'eau, ou doit être mélangé à un autre lubrifiant plus liquide. Midnite Fire a ses zones de prédilection : les mamelons, l'intérieur des cuisses, le gland, les testicules.

La lotion pour les pieds à la menthe de Body Shop. Découverte par l'un de nos expérimentateurs les plus audacieux. La menthe rafraîchit, puis, associée à des caresses répétées, crée une délicieuse sensation de chaleur et de picotement. Cependant, il s'agit d'une lotion à base d'huile, qu'il convient de laver avant d'enfiler un préservatif en latex. Elle peut aussi tacher les draps. Usez-en avec parcimonie : trop de menthe peut rendre votre homme momentanément insensible.

SECRET D'ALCÔVE

Si une goutte de Midnite Fire glisse sur votre poignet ou sur le côté de votre main, léchez-la devant lui : il verra que vous êtes prête à vous servir de votre langue pour beaucoup de choses.

Pour les caresses buccales

Au risque de me répéter, je vous encourage à n'utiliser aucun produit contenant du Nonoxynol-9 durant toute stimulation orale.

Astroglide. Le meilleur. Il a la texture légère d'un fluide naturel, il est sans odeur et sans saveur. Et s'avère très performant.

Sensura/Sex Grease. Comme Astroglide, ce produit est un must : il facilite le mouvement des corps l'un sur l'autre et intensifie les sensations, tout en donnant l'illusion d'une prestation sans adjuvant. Certaines femmes disent que Sensura a un léger goût chimique, d'autres le trouvent insipide.

K-Y liquid. Proche d'Astroglide par le goût et la texture.

Midnite Fire. L'unanimité chez les gourmands. Vous avez le choix entre six parfums : cannelle, chantilly, fraise, cerise, piña colada et fruit de la passion. Contrairement à d'autres produits, les lubrifiants Midnite Fire parfumés ne sont ni trop sucrés ni écœurants.

SECRET D'ALCÔVE

Astroglide et Sensura sont les lubrifiants les plus appréciés par les femmes qui pratiquent ma méthode italienne. Mais n'en mettez qu'une goutte dans le réservoir du préservatif – sinon, il remonterait sur le pénis trop lubrifié et glisserait.

Pour les pénétrations

Sensura/Sex Grease. Dans le cadre des rapports intimes, ce produit l'a emporté sur Astroglide, en raison de sa texture légèrement moins fluide et veloutée.

Astroglide. Que pourrais-je vous dire, sinon qu'Astroglide procure un confort accru durant les rapports sexuels, sans donner l'impression que vous utilisez un gel.

Pour les accessoires érotiques

Je recommande des lubrifiants à base d'eau uniquement : en effet, certains accessoires, qui contiennent des dérivés nouveaux du plastique et de la silicone, ont tendance à se briser à la suite de contacts répétés avec des corps gras. En outre, chaque fois que vous utilisez – de façon interne – un produit coloré ou parfumé, vous risquez une réaction allergique. La plupart des fabricants (notamment ceux cités plus loin) pratiquent des tests nombreux pour minimiser les risques d'allergie. Toutefois, personne ne peut garantir un risque nul. Il me semble donc que la prudence s'impose.

Tout le plaisir est dans l'application

Comme l'a dit l'un des participants à mes séminaires : « Je n'aurais jamais pensé que c'était si amusant ! »

Dès que vous avez choisi votre lubrifiant, la fête peut commencer !

SECRET D'ALCÔVE

Quand vous versez du lubrifiant dans votre main, dans sa main, ou ailleurs, faites-le toujours à une distance d'au moins 20 cm, ce qui ajoute à l'effet visuel et prouve votre adresse.

Mais attention : si vous versez la chose comme du ketchup sur les spaghettis, sans préliminaire, vous perdriez l'occasion fabuleuse de créer un climat érotique et d'attiser le feu.

Nous l'avons dit : les hommes aiment regarder. Tirez-en parti. Voici plusieurs façons raffinées d'appliquer un lubrifiant.

Techniques d'application à une main

La gauchère. Versez le lubrifiant dans votre main gauche (ou droite, si vous êtes gauchère) et appliquez-le avec cette main-là. Au début, votre manque de maîtrise peut même l'exciter ; pour vous, c'est aussi une façon de découvrir ou de redécouvrir son pénis – dans sa forme, sa texture. Donc, d'innover.

Changez de coin. Versez une petite quantité de lubrifiant dans sa main, son nombril, ou, s'il est allongé sur le ventre, dans le creux de ses reins. Trempez-y vos doigts et appliquez le lubrifiant à un autre endroit. La peau étant notre organe le plus étendu, les sensations se diffuseront plus largement si l'on ne se limite pas au pénis.

SECRET D'ALCÔVE

Dites-lui de verser du lubrifiant dans vos mains en coupe. Frottez lentement celles-ci : tandis que vous réchaufferez le produit, vous ferez attendre votre partenaire, et celui-ci sera d'autant plus excité.

Techniques d'application à deux mains

Ensemble d'un bout à l'autre. Partez du haut de son pénis, que vous tenez des deux mains, puis descendez lentement sur toute la longueur, jusqu'aux testicules, que vous serrez, pour qu'ils soient englobés dans une chaude moiteur.

Duo. Il guidera vos mains lubrifiées sur son sexe. Laissez-le imprimer le rythme qui lui sied. Découvrez les variations dans la vitesse, dans la pression, qui lui procurent les meilleures sensations.

Techniques d'application sans les mains

Scions du bois. Enduisez-vous les faces internes des avant-bras de lubrifiant, du coude au poignet. Puis faites-les glisser doucement d'avant en arrière sur son pénis.

Masturbation améliorée. Demandez à votre partenaire de vous donner l'une de ses mains, ou les deux. Lorsque c'est fait, versez dans sa (ou ses) paume(s) une grosse goutte de Midnight Fire de la taille d'une pièce d'un franc. Avec deux ou trois doigts, étalez le produit sur ses paumes comme si vous les peigniez – avec un mouvement suffisamment vif pour chauffer le lubrifiant. Demandez-lui de vous avertir dès qu'il sentira sa peau tiédir. À ce moment, penchez-vous sur ses mains et soufflez dessus pour intensifier la sensation de chaleur. Plus vous serez près de sa peau, plus la température montera. Enfin, placez vos mains sur les siennes – côté pile – et servez-vous-en pour appliquer le lubrifiant.

Le pinceau chinois. Il est allongé sur le dos ou assis et légèrement penché en avant. Versez une petite quantité de lubrifiant dans son nombril. Poussez doucement son pénis vers son ventre, pour en tremper le bout dans le produit, le préparant ainsi à l'activité que vous avez en tête.

Niagara. Placez le flacon de lubrifiant à 30 cm de votre main, puis versez le produit dedans avec lenteur. Refermez vos doigts contre votre paume pour produire un bruit de succion – les sons excitent les hommes autant que les images. Lorsque le liquide est assez chaud, ouvrez votre main et placez-la de façon à faire goutter le lubrifiant sur son pénis. Lorsque le produit aura inondé celui-ci, il y a de fortes chances qu'il soit dur comme du chêne. Utilisez de préférence Astroglide, car ce lubrifiant est le plus liquide de tous.

La cravate de notaire à la Lou. Demandez-lui de verser une importante quantité de lubrifiant sur vos seins, que vous étalerez vous-même (les hommes adorent voir les femmes se caresser les seins)... à moins que vous ne le lui demandiez (les hommes adorent aussi s'en charger). Dès que vos seins sont chauds et assez enduits, penchez-vous vers son pénis, collez-le contre votre plexus solaire et resserrez vos seins autour.

Raffinements possibles

Beaucoup, voire énormément de lubrifiant. Vous voulez mettre une grande quantité de lubrifiant ? Restez raisonnable, sinon les sensations diminueraient. Vous enlèverez d'autant plus facilement l'excédent que le lubrifiant est à base d'eau. Dans tous les cas, ayez toujours une serviette de bain ou des mouchoirs en papier auprès de votre lit.

Ailleurs que sur la verge. Doigts, orteils, ou tout objet pouvant être inséré (en vous ou en lui). Pensez aussi à tous les endroits susceptibles d'être caressés ou stimulés. Les chapitres 6 et 7 vous donneront quelques idées.

SECRET D'ALCÔVE

Quoi qu'il vous arrive – que vous dosiez mal le produit ou que vous tombiez après avoir glissé dessus –, gardez toujours le sourire !

5

LES SUBTILITÉS DE LA STIMULATION MANUELLE

« Je suis sortie du séminaire où j'avais appris ces techniques et je les ai essayées sur mon mari le soir même. Les seuls mots que j'ai pu comprendre parmi ses cris ont été : "Oh, Jésus, Marie, Joseph !" »

(M., 28 ans.)

Le prélude est essentiel

Sur un plan strictement sexuel, votre vie est sur le point de changer de façon radicale. D'après les informations recueillies lors de mes séminaires (et les réactions qui s'ensuivent), rien n'améliore autant la vie sexuelle d'un couple que la maîtrise des techniques de stimulation manuelle. Ce sont les premières que les femmes mettent en pratique en rentrant chez elles.

Il n'y a rien de plus facile que de masturber un homme avec brio. Et l'effet se prolonge au-delà du geste, dans toute votre vie sentimentale, croyez-moi : il y repensera, il en rêvera éveillé. Je suis heureuse que nos amis les hommes en tirent autant de satisfaction. Cependant, c'est l'effet que la chose a sur les femmes qui est le plus étonnant, comme en témoigne cette dame d'Atlanta.

« Je ne raffolais pas du sexe, je pensais d'ailleurs avoir un problème. J'adore le côté romantique de celui-ci – les baisers, les étreintes sous les étoiles –, mais l'aspect mécanique des rapports me navrait. J'ai enfin compris pourquoi : ma libido n'était pas défaillante, mais je manquais simplement de connaissances ! Depuis que je donne du plaisir à l'homme que j'aime, notre relation n'est plus la même. Notre complicité y a gagné quelque chose de grisant, de puissant. Pas dans le sens où j'aurais un pouvoir sur lui – même s'il m'assure du contraire –, mais parce que nous sommes plus proches l'un de l'autre, dans tous les domaines de notre vie. Nous vivons ensemble depuis quatre ans, une période critique, disent la plupart des couples, or jamais le désir n'a été aussi fort entre nous – et cela ne semble pas devoir se calmer avant longtemps ! »

La pénétration, selon moi, n'est que la suite logique d'autres jeux. Nous sommes biologiquement destinés à fusionner, mais ce moment n'est que l'harmonie suprême d'une longue mélodie. Tous les témoignages des hommes et des femmes que j'entends depuis quinze ans le confirment : c'est dans les préliminaires que nos talents et notre savoir-faire s'expriment le mieux. Or ces jeux-là sont essentiellement des jeux de mains.

Jeux de mains, jeux de coquins

La main compte 72 000 terminaisons nerveuses ; elle donne du plaisir de mille manières, elle est elle-même extrêmement sensible au moindre contact.

De façon plus prosaïque, vous ne risquez pas d'attraper une maladie vénérienne en masturbant votre partenaire. Attention cependant aux petites coupures sur les mains : pour vous assurer que vous n'en avez pas, passez-vous dessus une rondelle de citron ou un coton imbibé de vinaigre. Un picotement révélera de manière infaillible la moindre griffure.

Par ailleurs, si vous n'êtes pas disposée, ou disponible, à un échange plus profond, une masturbation est un don, et reste un gage de plaisir extrême pour le bénéficiaire... si et seulement si vous vous inspirez de mes techniques.

Trouvez la bonne position

Installez-vous confortablement – gare à la crampe. Le plus simple est de vous agenouiller entre les jambes de votre mari. Mais il y a maintes façons de varier les positions et les techniques (voir plus loin) et je suis persuadée que vous saurez trouver celles qui vous combleront, vous et votre partenaire.

Certaines positions font l'unanimité dans mes séminaires. Les voici :

- faites asseoir votre partenaire sur le lit, avec des oreillers dans le dos, ou au bord du lit. Dans les deux cas vous êtes entre ses jambes ;
- installez-le dans un fauteuil, jambes écartées. Asseyez-vous alors par terre, dos au mur, avec des coussins dans le dos – pour votre confort et un meilleur angle de vue ;

• expérimentez les escaliers, qui sont très appréciés. On y est plus libre de ses mouvements que sur un fauteuil. Vous vous asseyez entre ses jambes, deux ou trois marches plus bas. Glissez-lui un oreiller dans le dos, ou proposez-lui la plus haute marche. Comme me l'a dit un agent de voyages : « Le seul escalier que nous ayons est celui du perron, mais qu'importe, il a très bien fait l'affaire ! »

• l'idée d'être surpris stimule les sens, le fait d'être surpris les refroidit (évaluez le risque avec discernement).

Trouvez le bon endroit

Les possibilités sont illimitées. La fellation et la pénétration en public risquent d'entraîner des poursuites – si vous vous faites surprendre par un puritain, naturellement – et on peut y rencontrer des voyeurs. En revanche, vous pouvez donner un coup de main à votre mari en toute circonstance – enfin, presque : au restaurant, si la nappe est assez longue ; dans l'avion, sous ces affreuses petites couvertures des longs courriers qui trouvent ainsi une autre utilité ; dans les manèges des fêtes foraines. (Mais alors, évitez le grand huit !) Voici quelques classiques (mais je connais votre imagination, elle est sans limite) :

• les escaliers d'hôtels, de bibliothèques, d'immeubles de bureaux ;

SECRET D'ALCÔVE

Veillez à proposer votre main dans un lieu clos : le sperme dégage une odeur caractéristique. Vous pourriez attirer les curieux.

- les tables de salles de conférence ;
- le bureau de votre (de son) patron ;
- les toilettes d'un grand restaurant ;
- la plage, sous la serviette de bain ;
- le comptoir de la cuisine, le soir avant de sortir.

La lubrification

Ayez conscience que la partie la plus précieuse et la plus importante de son anatomie est entre vos mains. Un symbole de virilité aussi éminent mérite attention et respect. Aussi me paraît-il plus sage d'utiliser un lubrifiant en plus – ou à la place – de la salive. Je ne dis pas que l'un est mieux que l'autre, simplement la salive peut manquer.

Les mains

Pensez toujours à la présentation ! Si vous masturbez votre mari, il va regarder vos mains. Qu'elles soient douces et soignées. Du soin que vous prenez d'elles à celui qu'elles prendront de lui, il y a peu de différence dans l'inconscient de l'intéressé.

Quant aux bijoux, gardez l'alliance, mais enlevez tout !

SECRET D'ALCÔVE

N'utilisez pas la salive comme lubrifiant si vous avez bu du vin avant : vous finiriez par avoir la bouche sèche (le vin donne soif).

Techniques

Mesdames, vous pratiquez peut-être certaines des techniques qui suivent. Alors étudiez les autres : plus vous en saurez, plus vous lui donnerez et éprouverez de plaisir. Dans les séminaires, nous pratiquons ces diverses techniques sur les « jouets éducatifs », à savoir des godemichés. Ces phallus artificiels, qui se présentent sur des supports, existent en trois couleurs : blanc, noir, cuivré, et en quatre tailles : 20, 18, 15 et 13 cm. Si vous ne possédez pas de godemiché, un concombre sera un substitut parfait. Évitez les bananes, qui manquent de fermeté. Furetez au rayon des fruits et légumes. Tâtez, palpez, humez – c'est plus facile au supermarché que chez le fruitier.

Toutes les techniques proposées requièrent l'usage des deux mains. La femme est donc à genoux entre les jambes de son mari – elle a ainsi les coudées franches. Demandez-lui de regarder – mais vous n'aurez certainement pas à le faire.

SECRET D'ALCÔVE

Mesdames, dites à votre partenaire de ne pas tenter ces expériences seul. Comme l'a rapporté l'amant d'une participante : « Impossible d'appliquer ces préceptes à la masturbation solitaire : on se tord le poignet ! »

***L'ode à Bryan** (pénis semi-érigé ou en érection)*

La première technique dont je vais partager le secret avec vous est la merveilleuse Ode à Bryan, l'ami dont j'ai parlé au début de ce livre, qui le premier m'a dit et montré – à l'aide d'une petite cuillère ! – ce qui procure le plus de plaisir aux hommes. Cette technique remporte tous les suffrages. Une femme, professeur à Seattle, m'a dit : « Pour la première fois, j'allais lui faire l'amour comme je le sentais. »

1. Enduisez-vous généreusement les mains du lubrifiant de votre choix. Vous pouvez les frotter doucement l'une contre l'autre : vous les chaufferez, ainsi que le produit.

2. Tendez les mains devant vous, paumes vers le sol. Le poignet est souple – sinon, vous ne pourrez pas réussir la torsion. L'une de vos mains (peu importe laquelle) se referme gentiment, mais fermement, sur la base de son pénis, pouce et index en pince (mais sans serrer). Le poignet forme un angle : vous devez voir le dos de votre main et quatre doigts ; il doit voir votre pouce, niché dans ses poils pubiens. Positionnez votre main de façon à pouvoir exécuter le mouvement tournant, puis le mouvement descendant exposés plus loin.

3

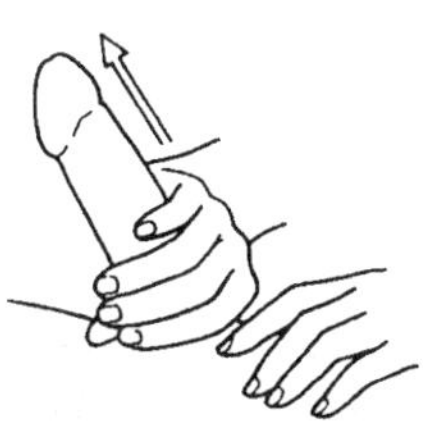

3. En gardant la position de départ, remontez le long du pénis d'un mouvement continu.

4. Lorsque vous arrivez au niveau du gland, effectuez un léger mouvement de torsion, comme si vous ouvriez un bocal avec précaution. N'effectuez ce mouvement qu'une fois

4

parvenue au sommet du phallus. La torsion, qui est la phase la plus délicate, ne doit absolument se faire qu'au bout du sexe, a bien spécifié Bryan.

5

5. Tournez la main autour du gland, comme si vous le sculptiez avec toute la surface de votre paume.

6

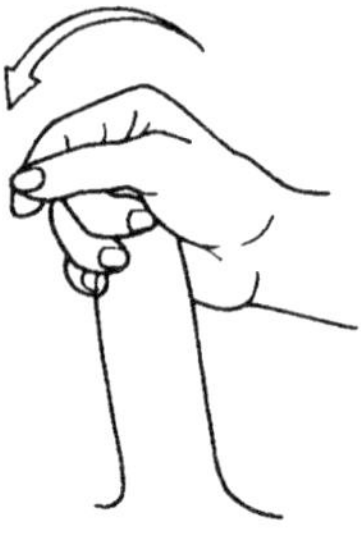

6. Après la rotation, votre pouce est à présent devant vous, et le dos de votre main face à votre amant. Repassez sur le gland puis redescendez le long du pénis en maintenant une prise assez serrée. Dès que vous retrouvez la position de départ, la seconde main se place au-dessus de la première et entame à son tour l'ascension du phallus, avant d'effectuer la torsion légère, la rotation englobante, puis la descente, et de voir la première main reprendre la première position – comme si vous teniez une grosse corde, une main après l'autre. Très vite, un rythme coulant s'instaure, une main succédant à l'autre, sans rupture dans le mouvement.

7. Changez de main, jusqu'à obtenir l'effet désiré.

La pénis samba
(pénis semi-érigé ou en érection)

C'est une version ultra-rapide – et focalisée sur le gland – de l'Ode à Bryan.

La main en panier
(pénis semi-érigé ou en érection)

1. Enduisez-vous généreusement les mains de lubrifiant.

2. Glissez vos mains l'une dans l'autre, doigts entrelacés.

3

3. Refermez vos mains ainsi nouées sur son pénis – pour qu'on ne voit que le gland. Les pouces reposent doucement l'un sur l'autre et enserrent la base du gland.

4. Faites descendre vos mains entrelacées sur son pénis. La prise doit être ferme, comme celle d'un vagin qui se contracte.

5

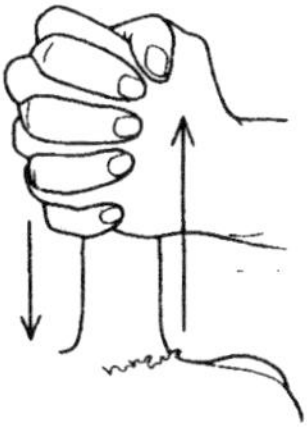

5. Bougez de haut en bas le long du pénis, tout en le tenant fermement.

6

6. Continuez, mais avec un mouvement ondulant de grande amplitude (une ondulation par montée/ descente).

Les battements de cœur de l'Amérique
(pénis semi-érigé ou en érection)

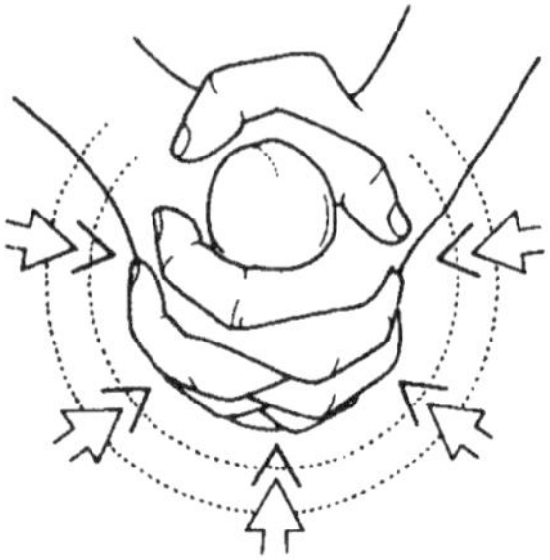

1, 2, 3, 4, 5. Suivez les instructions de la Main en panier.

6. Arrêtez le mouvement ondulant, et simulez les contractions d'un vagin lors d'un orgasme : les mains entrelacées sous son gland, serrez, puis relâchez une fois par seconde.

7. Poursuivez cette pression rythmée pendant que vous montez et descendez le long de son sexe. Il doit ressentir la pulsation.

Important : cette pulsation peut intervenir dans toute stimulation manuelle. C'est pendant l'éjaculation qu'elle est le plus agréable.

Pour intensifier les sensations de votre partenaire au moment de l'orgasme, agissez comme suit :

– au moment où il commence à éjaculer et où vous sentez son pénis pulser, ralentissez votre mouvement, puis arrêtez (les hommes sont souvent trop sensibles pour supporter une caresse à ce moment-là) ;

– gardez la main serrée sur le phallus, et contractez-la en rythme avec les pulsations qui accompagnent l'éjaculation, jusqu'à ce qu'il ait fini de jouir (pour information, ces pulsations se produisent tous les huit dixièmes de seconde).

SECRET D'ALCÔVE

Quant à la caresse brutale qui, d'un coup, intensifie les sensations et l'amène à jouir très vite, demandez à votre partenaire, pour évaluer l'intensité de la prise qu'il souhaite, de guider votre main la première fois. C'est en remontant sur l'arrière de l'urètre que votre pouce crée la pression idoine.

Le tire-sève

(pénis au repos, semi-érigé ou en érection)

Certains hommes préfèrent cette caresse en élongation aux va-et-vient rapprochés et de faible amplitude de la plupart des techniques de stimulation manuelle. Un sexologue, dans un séminaire pour messieurs, m'a confié que la majorité des hommes pratiquent ce mouvement d'étirement, qui leur donne rapidement une érection lorsqu'ils se masturbent.

1. Enduisez-vous généreusement les mains de lubrifiant.
2. Refermez votre main sur la base de son pénis, pouce vers le bas – vous avez le dos de votre main sous les yeux.
3. Resserrez les doigts pour créer l'illusion d'un tube chaud et doux – un peu comme un vagin.
4. Faites glisser doucement vos doigts de la base vers le haut du phallus et arrêtez-vous sous le gland. Gardez le contact durant la descente. Il est important de ne jamais lâcher prise : cela distrairait votre partenaire. Dans la descente, placez la main verticalement sur son sexe, et glissez-la vers le bas en douceur, jusqu'à son ventre.

3

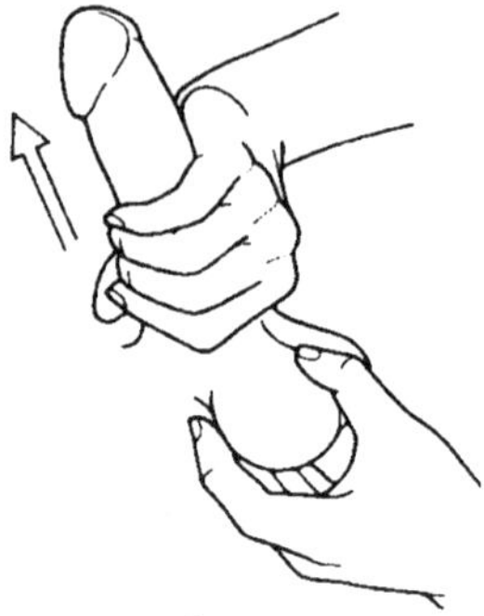

4

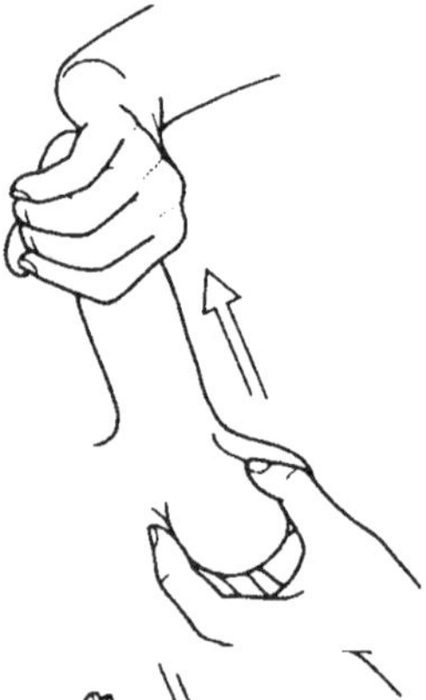

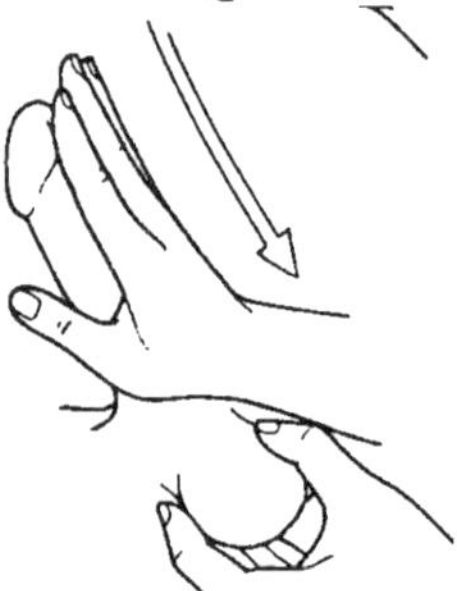

5. Tout en remontant une main le long de son pénis, employez l'autre main à lui chatouiller, du bout des ongles (parfaitement limés), l'intérieur des cuisses et les testicules. Les hommes adorent qu'on leur passe les ongles sur les testicules et qu'on tire légèrement dessus.

6. Pour étendre la zone de plaisir à toute la région pelvienne, ramenez le pouce de votre main libre contre la paume, puis servez-vous du côté extérieur de votre index comme d'une raclette : allez de son nombril jusqu'à la base de son pénis, en une caresse assez appuyée. Je tiens cette idée de plusieurs messieurs qui se caressent ainsi de leur main libre lorsqu'ils se masturbent, afin d'augmenter le plaisir.

SECRET D'ALCÔVE

L'angle formé entre le sexe en érection et l'abdomen grandit avec l'âge.

Le lâcher de boules
(pénis au repos, semi-érigé ou en érection)

C'est là une autre version du Tire-sève. Plusieurs femmes m'ont dit que la pratique alternée du Tire-sève et du Lâcher de boules leur ont valu des éloges de leurs partenaires.

1. Enduisez-vous généreusement les mains de lubrifiant.

2

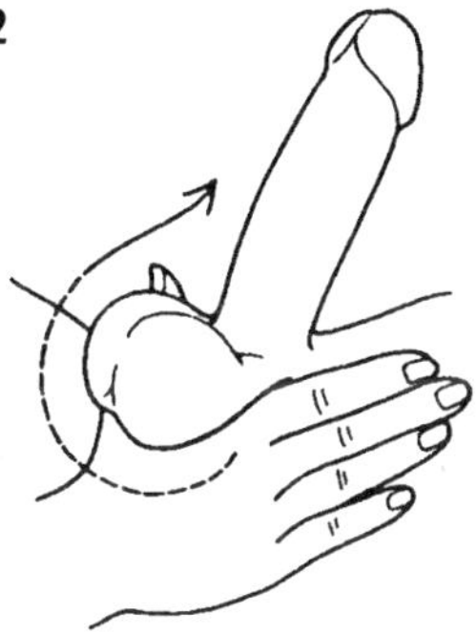

3

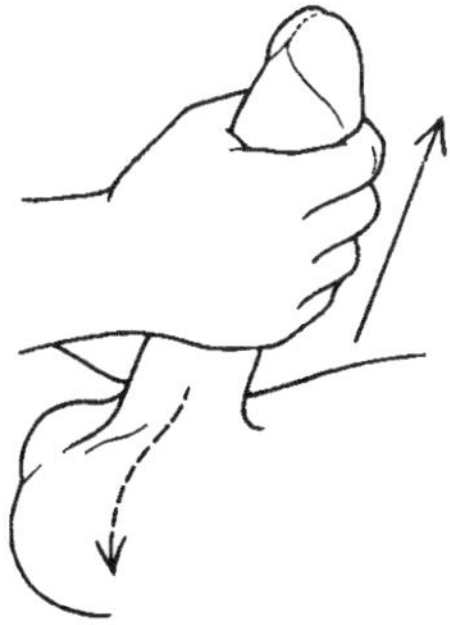

2. Formez un U avec une main, le pouce largement écarté, et glissez-la sous les testicules.

3. Pratiquez une caresse ascendante autour du phallus. Vous entraînez les testicules dans la montée – elles retombent d'elles-mêmes à leur place quand votre main arrive à mi-hauteur du pénis.

4. Continuez à caresser le phallus en remontant, jusqu'à la base du gland seulement. Lors de la descente, gardez le contact avec son sexe en érection. Si vous le lâchez un bref instant, vous risquez de déconcentrer votre partenaire, ce qui n'est pas le but recherché.

5. Pendant que vous effectuez ces mouvements ascendants, effleurez-lui l'intérieur des cuisses et les testicules de l'autre main.

L'attention soutenue
(pénis au repos, semi-érigé ou en érection)

Nombreux sont les hommes qui aiment qu'on leur serre la base du pénis. L'Attention soutenue permet de répondre à ce souhait.

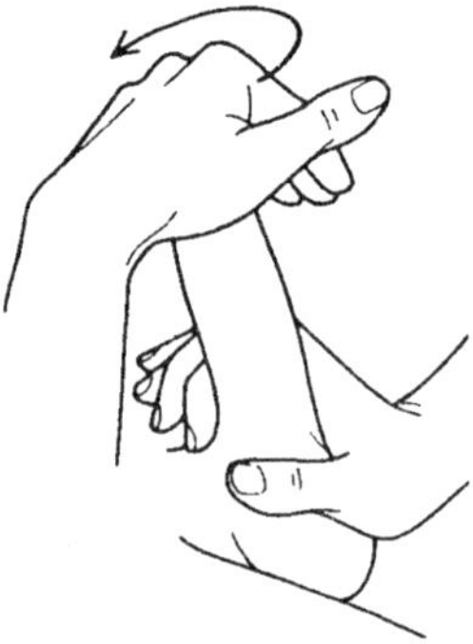

1. Enduisez-vous généreusement les mains de lubrifiant.
2. Prenez la base du phallus entre le pouce et l'index, en maintenant la pression sur le pubis – comme si vous teniez un bougeoir. Refermez les doigts dessus, tout en pressant le bas de votre paume sur le scrotum. Faites attention à ne pas presser ses testicules, emprisonnées dans votre main.
3. De l'autre main, offrez-lui la première partie de l'Ode à Bryan, sur le gland uniquement. D'une paume de main souple, donnez-lui l'impression de sculpter son gland.

SECRET D'ALCÔVE

Les hommes non circoncis ont tendance à être plus sensibles : leur gland, protégé par le prépuce, ne se découvre qu'au moment de l'érection.

La main dans la main
(pénis semi-érigé ou en érection)

De prime abord, la Main dans la main peut sembler difficile, mais une fois comprise, cette technique devient un automatisme. Elle est même l'un de nos must. Comme l'a dit le mari d'une femme qui participe à mes séminaires : « Dès qu'elle se met à faire ces petits mouvements de va-et-vient, plus rien ne me retient ! »

1. Enduisez-vous généreusement les mains de lubrifiant.

2. Placez votre main usuelle devant vous, levée, paume vers l'extérieur.

3

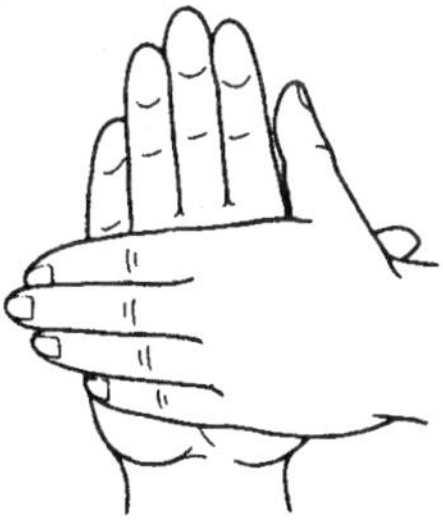

5

3. Placez l'autre main derrière, à l'horizontale, paume contre paume, de façon à former un angle droit.

4. Refermez le pouce de la main horizontale dans le creux du pouce de la main verticale – celui-ci replié sur celui-là.

5. Refermez les doigts de la main couchée sur le tranchant de la main levée, de manière à former un tube.

6. Il est essentiel de garder les doigts de la main verticale penchés vers l'arrière. La zone qui procure le plus de plaisir, dans cette caresse, est la base renflée des doigts – de la main verticale –, en haut de la paume.

Pour vous donner un aperçu de la chose, tendez les doigts de la main levée vers l'arrière et, de l'autre, éprouvez le renflement à la base des doigts. Repliez ensuite les doigts de la main dressée pour former un angle à 90° avec la paume. Ces coussinets doux et fermes ont disparu ! Voilà pourquoi il est si important, dans cette caresse, de garder les doigts de la main levée légèrement fléchis vers l'arrière.

7. Les mains formant un tube, tel qu'expliqué au paragraphe 5, glissez doucement ledit tube sur son pénis, créant un substitut douillet du vagin ; la main horizontale modulant la pression – qui doit être douce. Ici, vous devez reproduire la sensation qu'il éprouve quand son gland – la partie la plus large de son pénis – vous pénètre.

8

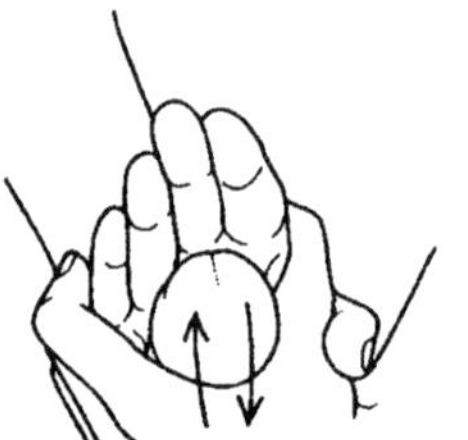

8. Cette étape se divise en deux :

• commencez par des va-et-vient lents, de petite amplitude ;

• assurez-vous que la peau tendue entre le pouce et l'index de la main couchée s'accroche doucement à la saillie du gland à chaque passage (la partie la plus sensible du pénis).

9. Pour évaluer l'amplitude de votre caresse, imaginez que vous êtes sur lui, et que vous ne laissez pénétrer en vous que la moitié de son gland. Variez ensuite la vitesse, la pression et l'amplitude de la caresse. Mais évitez, au début, de trop répéter le même mouvement : cela finit par anesthésier la zone concernée. Donc, changez le rythme et variez les serrements de mains.

10

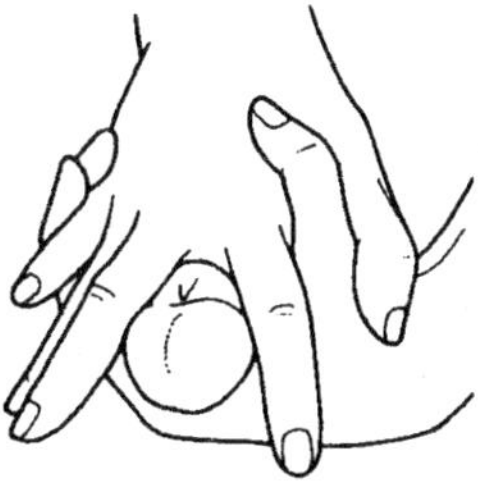

11

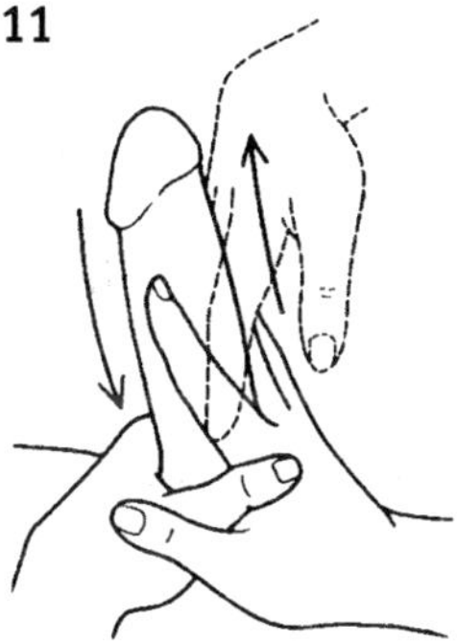

10. De temps à autre, descendez jusqu'à la base du pénis. Pendant la descente, écartez l'index du majeur de la main levée, et glissez le pénis dans le V ainsi formé. Soyez sûre de maintenir la pression sur l'arrière du phallus avec la main couchée. Si vous avez de petites mains, le fait d'écarter les doigts peut s'avérer inconfortable. Dans ce cas, couchez la main levée pour réaliser la caresse jusqu'en bas, puis redressez-la lorsque vous revenez au sommet.

11. Une fois en bas, inversez la position du V, doigts écartés vers le sol, puis remontez jusqu'en haut de son pénis. Recommencez depuis le début.

La sculptrice
(pénis semi-érigé ou en érection)

Pour la Sculptrice, vous êtes à côté de lui, sur lui, ou derrière lui – l'essentiel étant que vous le touchiez. Les hommes se polarisent souvent sur leur organe de reproduction et oublient les zones déterminantes dans la montée du désir : bras, jambes, torse. Pressez votre corps contre son dos – souvenez-vous que la peau est l'organe sexuel le plus étendu – et palpez-le, tout en pratiquant la caresse ondulante.

La coiffeuse
(pénis au repos, semi-érigé ou en érection)

C'est une femme aux cheveux longs qui a découvert cette technique par hasard. Ses cheveux se sont pris dans le pénis de son mari au moment où elle changeait de position. À sa grande surprise, il a adoré. Vous pouvez pratiquer cette caresse avec vos cheveux, une perruque, un foulard en velours ou en soie, voire un collier de perles. N'utilisez bien sûr pas de lubrifiant, vos cheveux deviendraient gluants, ou votre foulard collant.

1. Installez votre partenaire pour qu'il voie ce que vous faites. L'idéal est qu'il soit assis. S'il est allongé, relevez-lui la tête avec des oreillers. Debout, il serait trop occupé à ne pas tomber pour s'abandonner aux sensations que vous ne manquerez pas de lui procurer.

2

2. Enroulez une grosse mèche de cheveux ou un foulard autour de son pénis. S'il n'est pas encore en érection, il y a toutes les chances pour qu'il ne tarde pas à l'être.

3

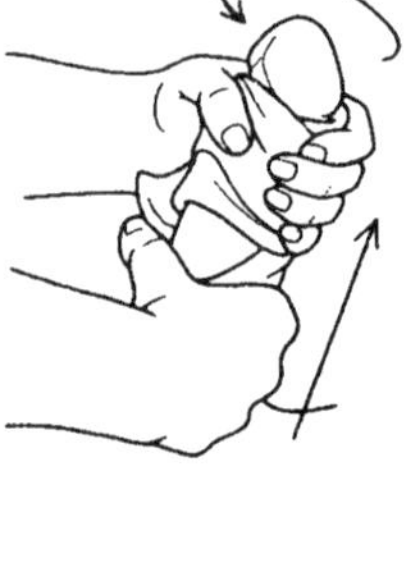

3. Allez et venez sur son sexe avec un mouvement tournant, un peu comme si vous pratiquiez la Main en panier. Pour comprendre ce qu'il peut ressentir, enroulez-vous une mèche de cheveux sur deux ou trois doigts, pour figurer son pénis. Vous notez la différence ? Passez le collier, le foulard ou vos cheveux sous ses testicules, puis tirez d'un côté à l'autre, lentement, afin de soulever les testicules en douceur.

Le rapprochement
(pénis au repos, semi-érigé ou en érection)

Cette technique vous permet de bien apprécier l'intensité de la pression et le genre de caresse que préfère votre partenaire. C'est assis qu'il sera le plus à l'aise, car il pourra atteindre plus facilement vos mains.

1. Enduisez généreusement vos mains et celles de votre partenaire de lubrifiant.

2

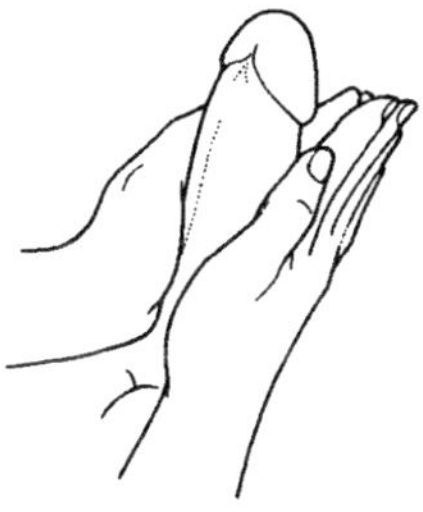

2. Placez vos mains de chaque côté de son phallus. Vos auriculaires frôlent son bas-ventre, et vos paumes sont réunies en un geste de prière, sur son pénis. Que vous mettrez en position debout – qu'il soit en érection ou non.

3

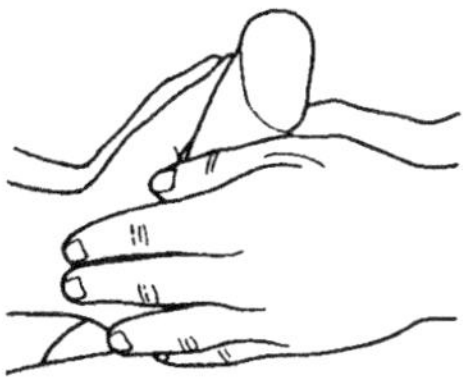

3. Demandez-lui de poser ses mains sur les vôtres et de guider leur mouvement. De haut en bas ? En tournant ? Avec une main, ou les deux ? Observez la façon dont il se sert de vos mains.

4. Essayez plusieurs mouvements et demandez-lui celui qu'il préfère. Cela vous permettra de découvrir ensemble quelles techniques lui procurent le plus de plaisir.

5. Continuez comme vous le sentez.

Les fruits fourrés
(pénis au repos, semi-érigé ou en érection)

Une poitrine généreuse n'est pas indispensable pour pratiquer les Fruits fourrés.

1
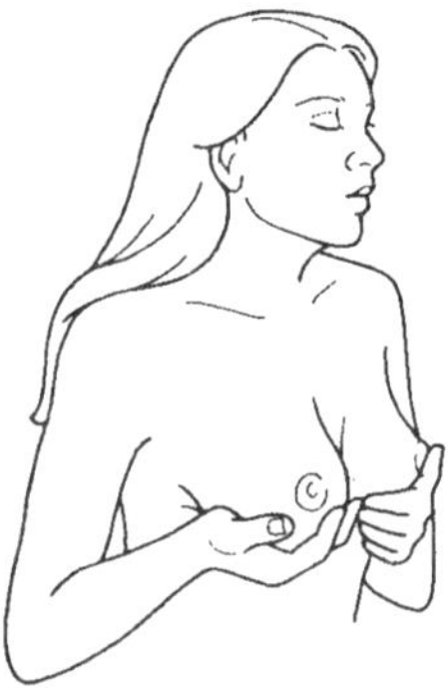

3
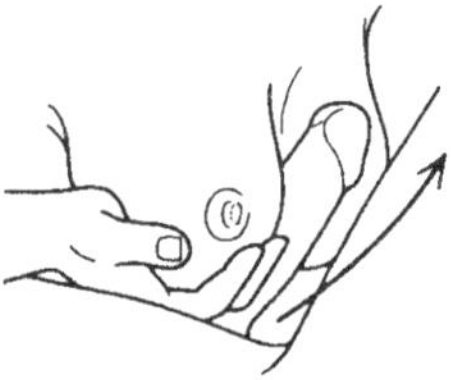

4

1. Placez-vous de façon à ce que vos seins servent de support à ses testicules. Placez une main sous chacun de vos seins, comme pour une offrande. Installez-vous sous ses testicules. La meilleure position ? L'homme est assis sur une chaise, au bord d'un lit ou d'un canapé. Vous êtes assise sur le sol, en dessous de lui. Ainsi vous êtes confortablement installés l'un et l'autre et vous avez une grande marge d'action.

2. Enduisez abondamment vos seins de lubrifiant, et appliquez celui-ci.

3. Bombez le torse et remontez ses testicules, comme si vous preniez des fruits dans un panier. Laissez-les glisser entre vos seins, puis resserrez ceux-ci autour du pénis, et remontez jusqu'au gland.

4. En revenant à la position de départ, effleurez son pénis, puis ses testicules du bout des lèvres, tout en l'inondant de votre souffle chaud.

5. Recommencez à volonté.

La pirouette
(pénis au repos, semi-érigé ou en érection)

La Pirouette est l'une des techniques les plus simples à réussir, et l'une des plus efficaces lorsqu'il est en érection. De nombreuses femmes l'associent avec bonheur à des techniques de stimulation orale. Dans la Pirouette, l'homme est debout contre le mur et ne doit pas fléchir les genoux. Comme l'a dit le mari d'une riche Texane : « C'est stupéfiant ! Je n'ai jamais rien connu de plus excitant ! »

2

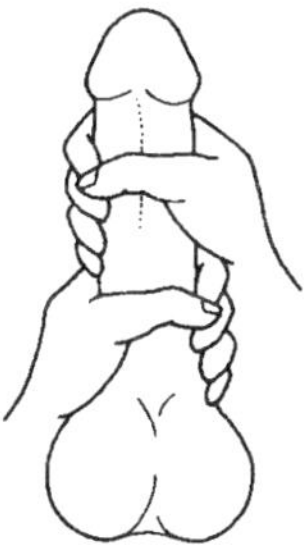

3

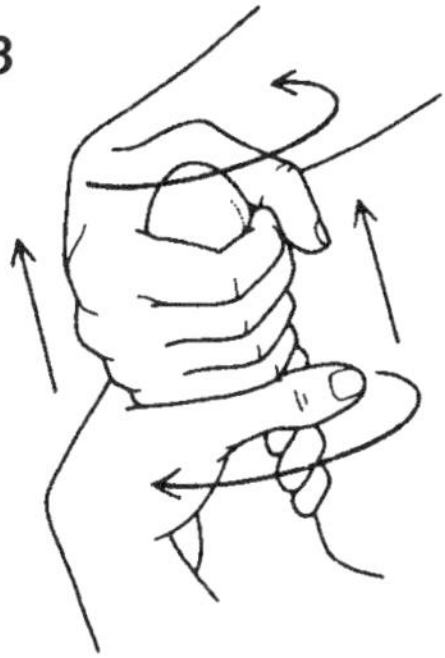

1. Enduisez généreusement vos mains et celles de votre partenaire de lubrifiant.

2. Placez vos mains l'une au-dessus de l'autre autour de son pénis – comme autour d'une grosse corde. Serrez-le bien – pour simuler un vagin contracté. Vous devez voir vos deux pouces. Dans le cas d'un organe moins généreux, glissez la main du dessous dans ses poils pubiens.

3. Faites tourner vos mains dans des sens opposés.

4. La caresse montante. Le temps d'une caresse sur toute la longueur de son pénis, vos pouces vont tourner autour de celui-ci dans des sens opposés – le pouce du haut, d'abord

4

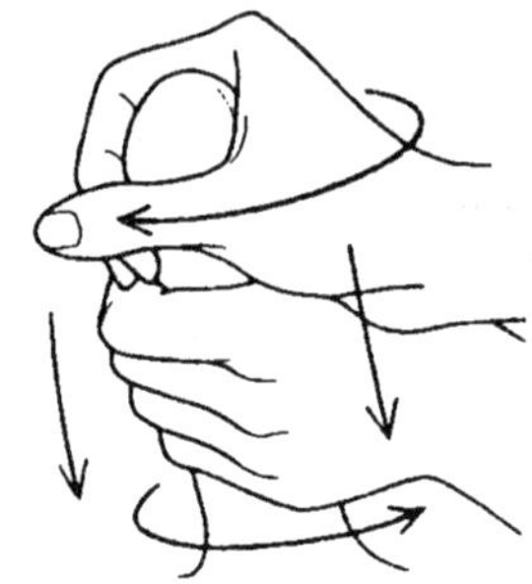

devant vous, se retrouve parallèle à votre épaule gauche.

5. La caresse descendante. Lors d'une caresse chaude et humide vers la base de son pénis, vos mains reviennent à leur position de départ – comme dans le paragraphe 2.

6. Récidivez à volonté.

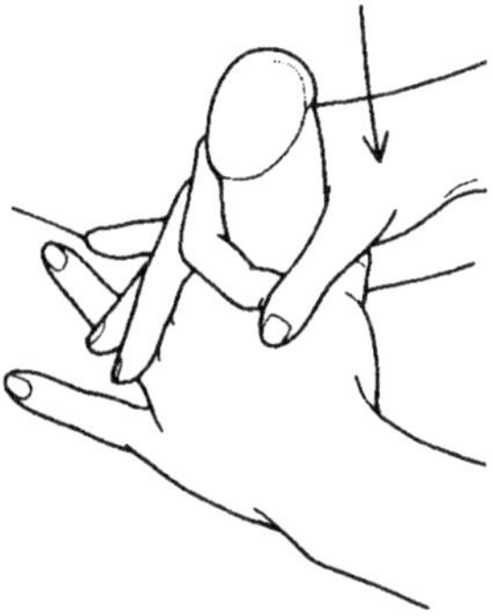

SECRET D'ALCÔVE

Vous pouvez associer une technique de stimulation orale à une technique de stimulation manuelle. Réduisez simplement l'amplitude de votre caresse, afin que votre bouche reste sur son gland.

L'allumage
(pénis au repos, semi-érigé ou en érection)

Les mouvements pratiqués évoquent le frottement de deux objets pour créer une étincelle. Cette technique est parfaite pour les hommes dont le gland est sensible, car l'essentiel des caresses se fait sur le pénis.

1. Enduisez-vous généreusement les mains de lubrifiant.

2. Placez vos mains ouvertes de chaque côté de son pénis – vos auriculaires sont sur son ventre, vos paumes face à face, son sexe entre elles. S'il est en érection, son pénis forme un angle droit avec vos mains – il n'est pas parallèle à elles.

3

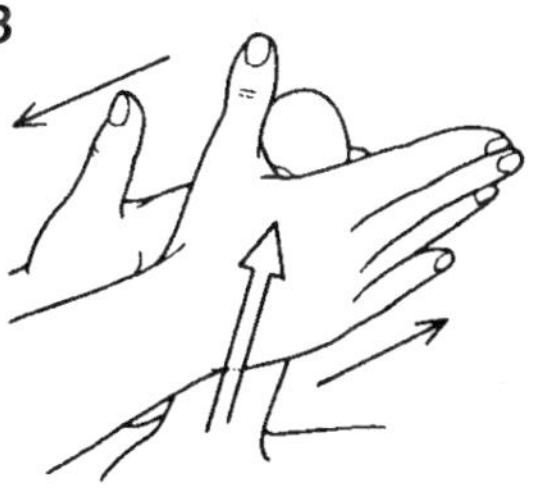

3. Bougez vos mains d'avant en arrière, lentement, puis accélérez le mouvement – qui doit être tournoyant.

4. Allez de la base du pénis au gland, puis redescendez, sur le même tempo. Il est préférable de ne pas s'attarder au sommet, car cela peut avoir un effet anesthésiant.

4

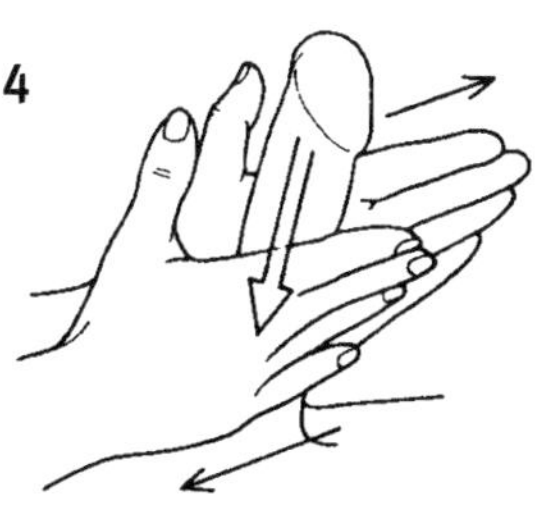

5. Continuez à votre guise – enchaînez éventuellement sur la Main en panier.

L'inspiration
(pénis au repos, semi-érigé ou en érection)

Cette technique vous ouvrira des horizons. Vous placez une main sur son pénis et l'autre où bon vous semble.

1. Enduisez-vous généreusement les mains de lubrifiant.

2. Placez une main lubrifiée sur son sexe et ses testicules. Caressez-le.

3. L'autre main ira là où l'entraînera votre imagination.

SECRET D'ALCÔVE

Chaque fois que l'une de vos mains est libre, passez-la sur ses poils pubiens en de longues caresses très douces, effleurez-lui l'intérieur des cuisses du bout des ongles, jouez avec les poils de sa poitrine, pincez-lui les mamelons. Ou mettez son pouce dans la bouche et sucez-le.

La « prière »
(pénis au repos, semi-érigé ou en érection)

L'idée est de créer un sanctuaire torride entre vos deux paumes pressées l'une contre l'autre – ce qui devrait rappeler à votre amant le fond arrondi et chaud de votre vagin. Étant donné la position de vos mains, vous pratiquerez une caresse serrée de faible amplitude. Les hommes qui aiment pénétrer profondément une femme adorent cette technique. De plus, votre partenaire a une vue rapprochée sur vos seins.

1. Enduisez-vous généreusement les mains de lubrifiant.

2

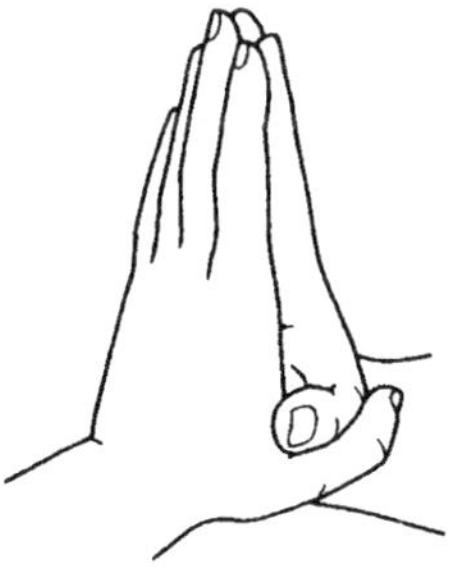

2. Pressez vos paumes l'une contre l'autre, comme si vous priiez, doigts dirigés vers le ciel. Vos mains jointes sont entre vos seins.

3. Croisez les pouces pour que les paumes ne se décalent pas.

4

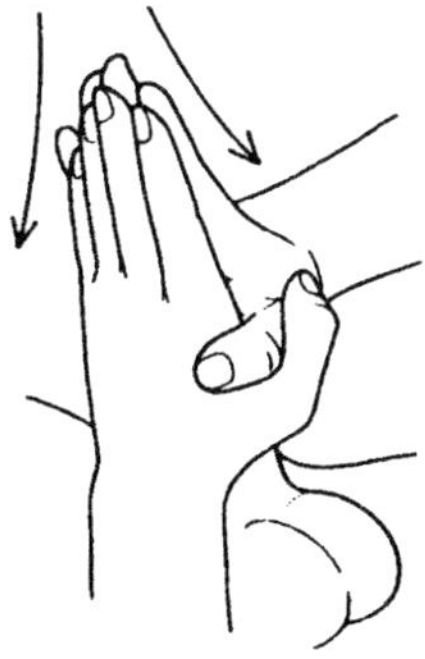

4. Approchez-vous de son entrejambe. Baissez doucement les mains sur son pénis, insérez son gland entre vos mains ainsi placées. Ne baissez pas les mains, n'écartez pas les doigts : vous desserreriez votre étreinte. Enchaînez sur une caresse douce, mais ferme, en conservant le gland au creux de vos paumes.

5

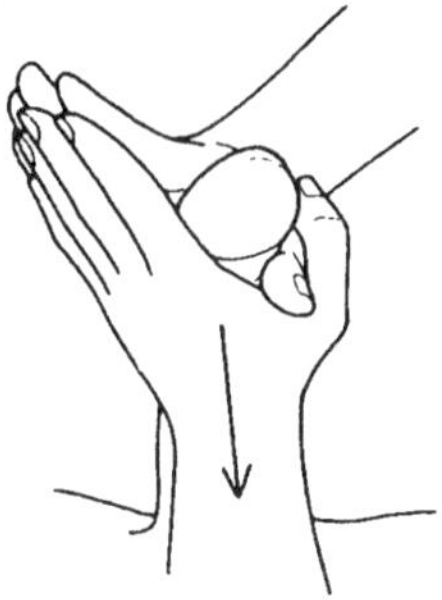

6

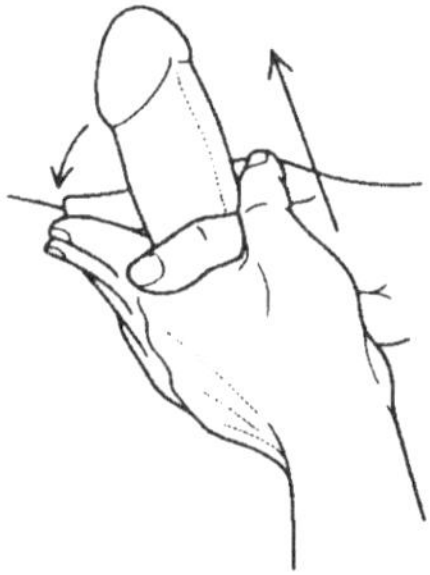

5. Pour donner une plus grande amplitude à la caresse, laissez le haut du pénis passer entre vos pouces et vos index. Encore une fois, ne baissez pas les mains : vous relâcheriez la pression, privant votre amant d'une sensation très agréable.

6. Lorsque vous arrivez à la base de son pénis, pointez les doigts vers son visage et entamez votre ascension, les mains jointes. Vous voilà revenue à votre point de départ.

7. Poursuivez à votre gré. Vous pouvez enchaîner sur la caresse Main dans la main.

La vive et légère

(pénis au repos, semi-érigé ou en érection)

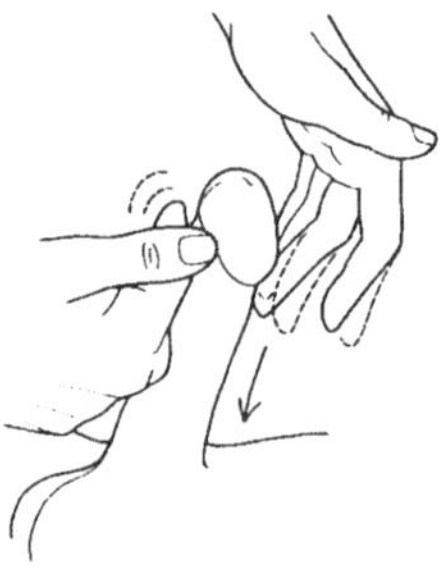

C'est la transition rêvée entre deux épisodes plus prenants, ou une façon de garder le contact quand vous changez de position. Vos doigts pianotent sur la zone comprise entre ses cuisses et son pubis, sur un rythme rapide et léger.

Les claquettes
(pénis au repos, semi-érigé ou en érection)

C'est une gâterie pour les messieurs qui apprécient qu'on leur tapote le pénis. Nous devons les phases 4 à 7 aux suggestions de l'un d'entre eux, qui a déclaré que c'était la meilleure chose qu'on lui ait faite.

1. Prenez son phallus d'une main.

2. S'il aime la sensation du lubrifiant ou les bruits de succion, appliquez une importante quantité de lubrifiant sur son ventre ou sur votre main.

3

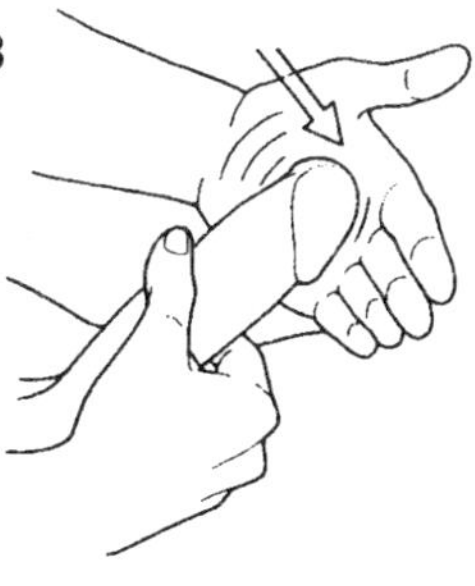

6

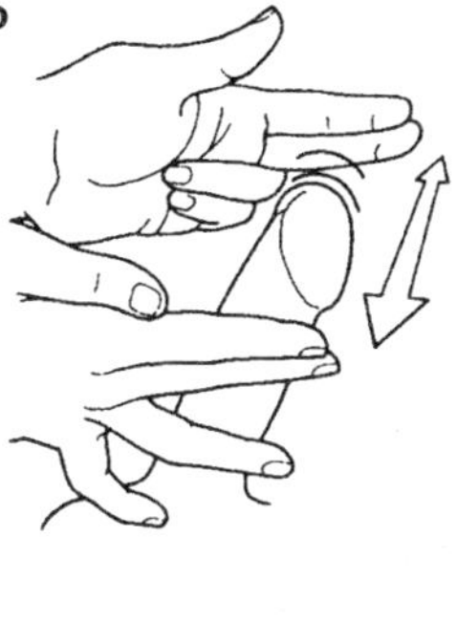

3. Tapotez-lui le gland : sur la paume de votre main, sur votre joue ou contre son ventre – avec douceur mais fermeté.

4. Les mains à l'horizontale, paumes face à face, repliez l'auriculaire et l'annulaire de chaque main.

5. Placez vos doigts tendus – index et majeurs – le long de son sexe en érection.

6. Pianotez légèrement sur le gland – en respectant une distance de 5 cm. Vos doigts battent la mesure, tel un métronome. Commencez par deux battements par seconde, puis changez de tempo.

Le redressement de l'échine
(pénis au repos, semi-érigé ou en érection)

1. Enduisez-vous généreusement les mains de lubrifiant.

2. Glissez-les l'une dans l'autre, les doigts légèrement entrelacés.

3

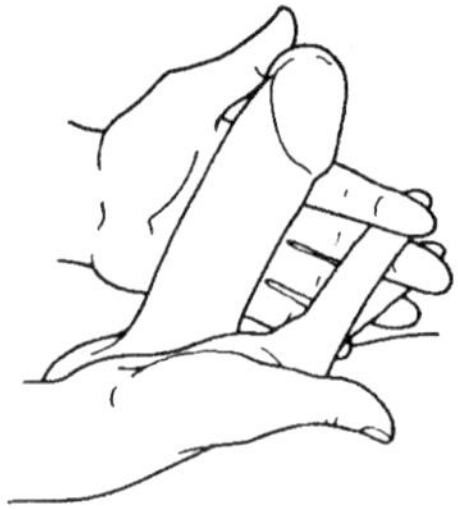

4

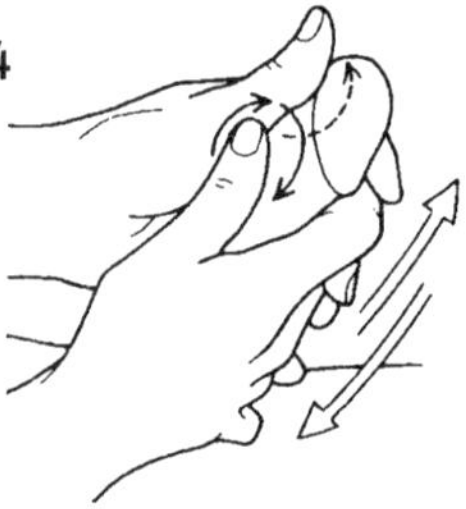

3. Refermez les mains sur son pénis. Vos doigts – toujours emmêlés – pointent vers la tête de votre amant. Vos mains ressemblent à un gros coquillage ouvert.

4. Vos pouces remontent ensemble le long du pénis, comme si vous le massiez. Effectuez de petits mouvements circulaires durant l'ascension, un pouce empiétant sur le trajet de l'autre, et inversement.

5. Arrivée au sommet du phallus, resserrez vos mains entrelacées, comme vous le feriez pour la Main en panier, puis redescendez – avec douceur mais fermeté – jusqu'à la base du pénis. Recommencez.

Les anneaux
(pénis au repos, semi-érigé ou en érection)

1. Enduisez-vous généreusement les mains de lubrifiant.

2. Mettez l'index et le pouce en cercle, les autres doigts étant ouverts et dressés.

3. Sur un rythme doux, puis plus vif, alternez deux mouvements : les anneaux formés par vos pouces et vos index encerclent le gland en tournant dans les deux sens, puis montent et descendent le long du pénis.

4. Quand l'une de vos mains approche de la base de son sexe, glissez lentement le deuxième anneau jusqu'en haut.

5. Placez les deux anneaux au sommet et tournez dans des sens opposés.

3

5

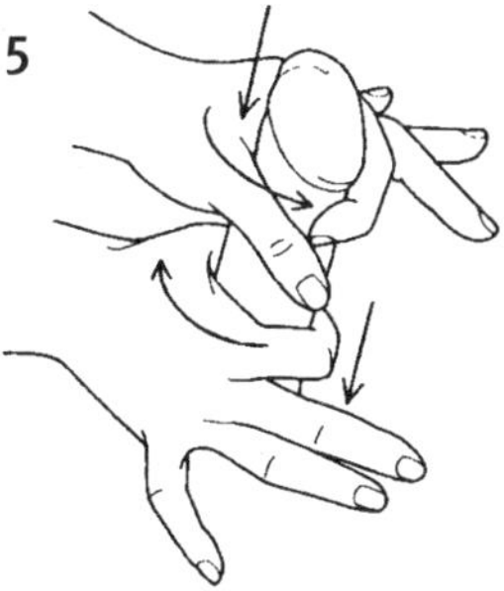

La volière
(pénis au repos, semi-érigé ou en érection)

L'une de mes amies a appris cette technique lors d'une discussion entre filles, tard le soir… dans un pensionnat catholique.

1. Enduisez-vous généreusement les mains de lubrifiant.

2. D'une main, prenez le pénis en érection.

3

4

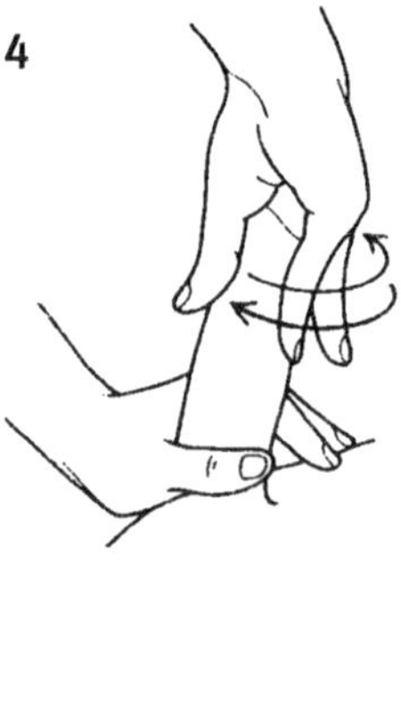

3. Placez l'autre main au-dessus du gland, comme un parapluie. Attention à ne pas le griffer avec vos ongles ! Les extrémités de vos doigts sont légèrement tournées vers l'extérieur, un peu comme le bout évasé d'une trompette.

4. La main, doigts écartés, « en pieuvre », coiffe le gland. Descendez-la en tournant de droite à gauche, comme si vous pressiez un citron. Cela jusqu'à sentir son gland au creux de votre paume.

5. Tournez doucement sur le gland pendant quelques secondes, puis remontez, toujours en tournant.

6. Répétez le mouvement à volonté.

Quelques astuces pour le masturber divinement

Pour les hommes, le bonheur de la pénétration tient à la chaleur, à la moiteur et à l'énergie de la partenaire. C'est pourquoi nous recommandons l'emploi d'un lubrifiant chaud et une certaine pression de la main dans les techniques de masturbation exposées.

D'après mes sondages, c'est l'Ode à Bryan qui plaît le plus, d'abord pour la torsion légère – qui les fait décoller –, puis pour le mouvement d'élongation qui leur rappelle celui dont ils usent pour se mettre en condition quand ils se masturbent.

Certains hommes ayant le gland extrêmement sensible (comme certaines femmes qui ne supportent pas une caresse directe sur le clitoris), arrêtez-vous à la base de celui-ci.

La durée de l'acte est variable. Si votre partenaire s'abstient depuis longtemps, il est probable qu'il jouira vite. Le plus souvent, une masturbation précède une fellation et/ou une pénétration. Ce prélude doit durer tant qu'il procure du plaisir aux officiants, jusqu'à ce qu'ils aient envie de passer à autre chose, ou que l'homme ait joui.

Communiquez avec votre partenaire. Assurez-vous que vous imprimez la pression requise pour l'exciter au maximum. Attention à la force de vos gestes : dans certains cas extrêmes, un pénis peut se plier, voire se casser – cela arrivant aussi lors de certaines pénétrations.

Chez vous, ayez une serviette à portée de la main. Au-dehors, prévoyez des mouchoirs en papier. Les hommes n'émettent en général que deux cuillères à thé de liquide spermatique lors d'une éjaculation – à moins qu'ils n'aient pas joui depuis longtemps.

Certaines femmes passent un gant de toilette chaud sur les parties intimes de leur amant après l'orgasme. La chose a un effet relaxant. L'intéressé a le sentiment qu'on le chouchoute.

Ne sous-estimez jamais le pouvoir de vos mains. Et n'oubliez pas qu'une fellation réussie tient souvent à une main qui a d'abord su être secourable !

6

DU BON USAGE DE LA LANGUE

« Les femmes s'intéressent à la fellation depuis des siècles. Elles veulent réussir cet exercice, et les hommes adorent qu'elles maîtrisent le sujet. »

(Bryce Britton, sexologue et participante aux séminaires.)

Le plus beau des cadeaux

Vous lisez ce chapitre avant les autres ? Vous n'êtes sans doute pas la seule ! Toutes les femmes rêvent de maîtriser l'art de la fellation. À une restriction près : c'est à « vous » de décider du moment. Il appréciera d'autant plus. Pourquoi les hommes sont-ils fous de ces caresses buccales ? Pour le savoir, nous sommes allées à la source. Entendons-nous : nous avons interrogé les hommes. En effet, si les membres virils ont des pulsions autonomes et une éloquence certaine, ils ne sont doués de parole que dans les œuvres de fiction, comme *Moi et Lui*, d'Alberto Moravia.

Les hommes aiment la sensation d'abandon liée à la fellation

Un agent de change de New York a résumé la question : « Mon bien le plus cher et le plus sensible est là, dans sa bouche, entre ses mâchoires, à quelques millimètres de ses dents ! Pour une fois, je perds le contrôle de la situation. Or c'est précisément ce qui me plaît : capituler… pour la bonne cause ! »

Certains hommes dissocient le rapport sexuel de la fellation. Ils voient dans celle-ci un moyen de résoudre le désir en évitant les risques – physiques ou affectifs – liés à une relation plus intime. La femme s'activant à leur place, ils peuvent se consacrer pleinement à leurs sensations. Votre bouche sur leur pénis leur donne une impression d'intimité encore plus profonde. Comme me l'a dit un banquier de Chicago : « Une bouche peut faire tellement plus de choses qu'un vagin ! » Difficile de le contredire.

Par ailleurs, la fellation satisfait le côté voyeur de ces messieurs : par vos soins, leur pénis se métamorphose sous leurs yeux !

Je dirais qu'une fellation est le plus bel aveu d'intimité qu'une femme puisse faire à un homme. Et si la plupart d'entre eux ont alors l'impression de jouer dans un film porno, ils le font avec vous, et en privé !

Mon conseil : allez-y progressivement et sans a priori. Plus vous vous familiariserez avec son pénis, plus vous l'accueillerez volontiers. Rejouer *Gorge profonde*, avec Linda Lovelace – star du porno américain des années 70 –, n'est ni une exception ni une obligation.

Une chose à retenir pour le sucer efficacement : oubliez toute passivité, c'est vous qui agissez. C'est vous qui lui faites plaisir, ce n'est pas seulement lui qui se fait plaisir grâce à vous.

Pourquoi certaines femmes sont réticentes

Il y a deux sortes de femmes : celles qui aiment la fellation, celles qui n'aiment pas. Les premières le font volontiers, les autres ont le sentiment qu'on la leur impose et sont réticentes. La plupart des femmes pratiquent leur première fellation à la demande de leur amant. Celui-ci leur demandera ou poussera leur tête vers son pénis. Une fellation réussie ne s'improvise pas – du moins pas la première fois. Pour que sa partenaire comprenne ce qu'il attend d'elle, l'homme va et vient dans sa bouche. Ce qui, de prime abord, n'est ni agréable ni amusant.

Mais rares sont les hommes qui expliquent avec précision ce qu'ils veulent. Ils se souviennent de la meilleure fellation (ou masturbation) de leur vie, mais oublient comment leur partenaire a procédé. Comme me l'a dit l'un d'eux : « Je sais qui c'était, mais je ne me rappelle pas ce qu'elle a fait. »

L'impression d'étouffer

Rassurez-vous : ce problème est fréquent, et la fellation reste une affaire de pratique – même si le talent en la matière peut parfois être inné. L'un de mes amis, hétérosexuel, curieux de la chose, l'a expérimentée dans un séminaire avec l'un de mes jouets éducatifs. Après avoir tenté de se l'enfoncer plusieurs fois dans la bouche – c'était le modèle standard de 15 cm –, il s'est exclamé : « Mais comment font les femmes ? » La plupart d'entre elles suffoquent – n'importe qui le ferait, si on lui enfonçait un tel objet dans la bouche. Mère Nature nous a donné ce réflexe de rejet pour ne pas nous étouffer.

SECRET D'ALCÔVE

Le fait d'avaler son sperme peut être un défi. Le spermatozoïde, à vocation ascendante, expérimente la chute. Imaginez ces pauvres diables tentant une remontée sans chance de succès.

Avaler ou pas ?

Certaines refusent d'avaler le sperme de leur amant. Soit. Cela ne fera pas d'elles de mauvaises amantes pour autant – et ne diminuera pas le plaisir de leur partenaire. L'homme qui prétend le contraire ne mérite pas que vous le suciez. Une femme de cinquante-cinq ans, sexologue, avait l'habitude d'avaler le sperme de son mari. Quand l'envie lui a passé, elle s'est abstenue de le faire. La décision vous appartient, mesdames.

Que vous le fassiez ou non, sachez tout de même que les hommes trouvent très excitant de voir une femme boire leur sperme. Ils se sentent ainsi totalement acceptés, privilégiés et intimes avec elle. Si vous ne voulez pas qu'il jouisse dans votre bouche, évitez de lui dire que vous trouvez cela ridicule ou dégoûtant. Si lui-même trouvait écœurant de vous lécher, et vous le disait, que ressentiriez-vous ?

Un compromis est possible : quand votre amant a joui dans votre bouche, laissez couler le sperme par la commissure des lèvres.

Les femmes qui aiment avaler le sperme disent qu'il a bon goût, et certaines prétendent qu'il fait un excellent masque de beauté – les autres affirment qu'il est salé et fait grossir. Par ailleurs, le sperme contient du fructose et on compte six calories par éjaculation.

Il est possible de modifier le goût de son sperme en faisant changer de régime à votre partenaire. Ainsi leurs saveurs intimes confirment-elles le vieux dicton : « Tu es ce que tu manges » – ceci se vérifie aussi pour les humeurs intimes des dames. Si vous avez envie d'avaler son sperme, mais si le goût vous rebute, ne renoncez pas : proposez-lui des fruits – qui donnent un parfum léger et doux –, ne lui faites surtout pas manger de brocolis, d'asperges, d'ail ou de mets très salés. La viande rouge fait le sperme plus épais et gluant. La bière et les alcools forts ont tendance à le rendre amer. Fumer – cigarettes, cigares, pipe, tabac ou… haschisch – donne mauvais goût aux fluides naturels – hommes comme femmes. Certains médicaments et vitamines influent sur la consistance et le parfum du sperme.

Si, après lui avoir proposé d'autres nourritures, vous n'aimez toujours pas le sperme, ne vous désolez pas : il n'est pas impératif qu'il jouisse dans votre bouche. Seulement 20 % des femmes avalent le sperme de leur amant. Et si vous appliquez les techniques exposées plus loin, il y a toutes les chances qu'il soit dans de tels états en éjaculant qu'il ne s'inquiète pas de savoir où ira sa semence.

SECRET D'ALCÔVE

Après avoir mangé du melon, des kiwis, de l'ananas, du céleri ou des fraises, la semence masculine a un goût moins prononcé et plus sucré.

La pratique : ce qu'il convient de savoir

Pour réussir une fellation époustouflante, il y a plusieurs techniques à maîtriser.

Le sceau et l'anneau

Le meilleur moyen de ne pas suffoquer quand vous prenez le pénis de votre amant dans la bouche est de contrôler la profondeur de pénétration. Formez un anneau avec votre pouce et votre index – ce que j'appelle le sceau (vous ajoutez ainsi une petite longueur à votre bouche, sachant que la majeure partie des hommes ont un pénis de 14 cm, et nos bouches n'ont que 7 cm de profondeur). Second temps : réduisez ou augmentez l'ouverture avec votre pouce et votre index, modulant ainsi la profondeur d'enfoncement de sa verge dans votre bouche – c'est ce que j'appelle l'anneau.

Vous créez une sensation de gorge profonde sans introduire le pénis entièrement dans votre bouche. Un producteur de films publicitaires du Midwest raconte : « Quand je suis en érection, ma femme me prend entièrement dans sa bouche. Je sens le fond de sa gorge : c'est très doux et très humide. Puis elle déglutit, et là, c'est un plaisir inouï ! Mais la sensation est encore plus forte quand je ne bande pas – je dirais dix fois plus intense. »

Contre la suffocation

Si, durant une fellation vous avez l'impression de suffoquer, essayez les techniques suivantes :

- faites une pause jusqu'à ce que la sensation passe, tout en activant votre main, pour que votre partenaire ne se déconcentre pas ;

• changez de technique : léchez-le ou faites le grand W (plus loin dans ce chapitre) ;

• ralentissez le rythme et respirez profondément. Votre partenaire peut interpréter cette inspiration comme un signe d'excitation – quant à vous, vous vous détendrez ;

• trouvez un nouvel angle de pénétration. L'idéal est d'être entre les jambes de votre amant et de le prendre par en haut : vous contrôlez ainsi l'ampleur des va-et-vient. Ne craignez rien s'il prend un virage en L : le fond du palais est assez souple pour laisser passer un pénis de taille moyenne.

Utilisez vos mains

Lorsque vous faites une fellation, servez-vous de vos mains. Je l'ai dit : une bouche de femme mesure en moyenne 7 cm de profondeur, un pénis 14 cm. Une verge moyenne ne tiendra pas entièrement dans votre bouche sans une astuce. Vous souvenez-vous du sceau ? Eh bien, allez plus loin : avec vos doigts, donnez à votre main la forme d'un mégaphone. Votre amant aura l'impression de pénétrer un tube – assez long pour y glisser tout son sexe. Vous réduirez ensuite la taille du mégaphone à un anneau, en ajustant la profondeur de pénétration.

Mouvement ascendant/descendant. La main scellée sur la bouche, le tranchant des dents dissimulé par les lèvres, allez et venez sur son pénis – jusqu'à la limite de l'inconfort – tout en variant le rythme et la profondeur de pénétration, ainsi que la force de la pression.

SECRET D'ALCÔVE

Je tiens cette astuce d'un professeur de gymnastique : pour se reposer lors d'une fellation, elle glisse le pénis contre l'intérieur de sa joue. Elle continue à le sucer, mais elle respire plus facilement et peut avaler sa salive.

La main tournante. La main en cylindre sur la bouche, tournez de gauche à droite et faites une demi-pirouette (voir chapitre 5).

N'oubliez pas les « belles-filles » ! Cette expression, entendue dans un séminaire, est restée. Un jour que nous parlions des testicules, une femme de Dallas s'est écriée : « Oh, mon petit, on a tendance à les traiter comme des belles-filles : on les ignore ! » Précisément quand la majorité des hommes adorent qu'on les cajole...

On peut donc très bien introduire un petit jeu de boules pendant une fellation – après tout, il vous reste une main libre. Pendant que l'une forme un anneau contre votre bouche – ou tient la base de son sexe –, l'autre s'occupe des testicules.

Voici quelques petites recettes éprouvées, mais allez-y sur la pointe des doigts ; les hommes sont extrêmement sensibles à cet endroit : une fausse manœuvre peut le faire hurler de douleur ! Mais si vous avez les choses bien en main, ils jouiront d'autant plus fort.

Si vous êtes novice en la matière – et lui vierge de tout contact en ce terrain sensible –, usez de délicatesse :

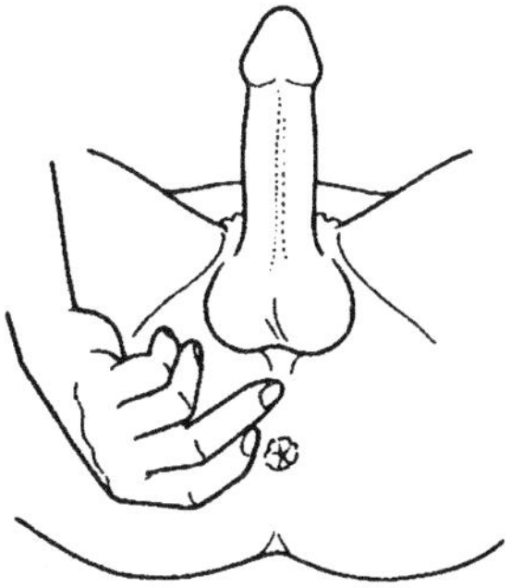

Le périnée

1. Commencez par lui caresser gentiment le périnée – la zone douce et imberbe entre testicules et anus.

2. Tapotez légèrement.

3. Faites de même sur les testicules pendant quelques secondes, avant de refermer votre main dessus – sans forcer.

4. Revenez sur son périnée. Il est alors probable que votre partenaire vous demande de lui reprendre les testicules, ou guide votre main vers eux. C'est bon signe : il apprécie votre caresse et se sent en confiance.

5. Faites-le attendre – pour augmenter l'excitation. Ensuite, observez ses réactions et tendez l'oreille, pour découvrir ses préférences. Une légère traction peut avoir de l'effet. Évitez toutefois de presser ses testicules l'un contre l'autre. Une femme m'a dit, dans un séminaire : « Mon mari adore que je tire sur les joyeuses d'un coup sec ! » Improvisez, mais limez-vous les ongles avant.

SECRET D'ALCÔVE

Traitez toujours ses testicules avec la plus grande délicatesse.

Petites techniques pour la main vacante. De votre main libre explorez son corps, de plusieurs manières :

- griffez-lui légèrement l'intérieur des cuisses, ou effleurez-lui les flancs et le bas-ventre. Alternez mouvements directs et méandres : qu'il ne sache pas ce qui va suivre ;
- équilibrez les sensations : toute caresse sur un côté de son corps doit être accompagnée d'une caresse symétrique ;
- taquinez ses poils pubiens du bout des doigts ;
- jouez avec les « belles-filles » (voir plus haut dans ce chapitre) ;
- allez en droite ligne de son nombril à la base de son pénis ;
- répétez le mouvement précédent avec le tranchant de la main, placée à angle droit par rapport au pénis. Faites une caresse un peu plus appuyée.

La bouche

L'aspiration. La langue joue un rôle crucial – que le membre de votre partenaire soit entièrement dans votre bouche ou seulement en partie. Dans le premier cas, vous devrez le coller contre le palais pour effectuer la succion.

Certains hommes estiment qu'il ne convient pas d'aspirer trop fort car, alors, les sensations se concentrent sur le gland et ne se diffusent pas dans toute la zone visée. D'autres adorent la succion, qu'ils trouvent toujours trop insuffisante et dont ils ne peuvent se rassasier. Pour déterminer l'intensité de l'aspiration, demandez à votre amant de sucer vos doigts avec l'intensité désirée. Puis sucez ses doigts pour voir si vous brûlez. Transposez.

Jeux de gorge. Cette tactique s'avère très efficace lorsque votre amant n'est pas encore entièrement en érection. Pratiquez une succion réitérée du pénis semi-érigé, suivie par un mouvement de déglutition. Non seulement vous allez provoquer la métamorphose souhaitée, mais vous aurez son sexe entièrement dans la bouche – ce qui serait impossible lors de l'érection. Comme l'a dit un participant aux séminaires : « Ma femme me prend jusque dans le fond de sa gorge quand je suis en érection, mais, curieusement, j'éprouve dix fois plus de plaisir quand je ne bande pas. Car elle m'a tout entier dans la bouche… Et il y a cette pression, quand elle déglutit ! C'est divin ! »

Le fait de voir votre langue puis de la sentir sur son pénis va l'exciter. Une main enserrant la base de son phallus, montez, puis descendez sur toute la surface exposée, passez le dessus de la langue sur le gland – côté papilles – puis le dessous, plus doux. Donnez-lui l'impression que vous sculptez son pénis avec votre langue. S'il n'était pas en érection, il y a toutes les chances qu'il le soit peu après.

Magie de la langue. Ne sous-estimez jamais le pouvoir de la langue. Comme le disait mon ami Bryan : « Il convient que ta langue soit toujours en mouvement. » Cet *organe charnu, musculeux et mobile, placé dans la bouche* (Robert) peut le conduire à des sommets de plaisir insoupçonnés.

Pour avoir un aperçu – lointain, mais objectif – de ses sensations, placez votre index et votre majeur dans votre bouche, puis faites-les aller et venir, en gardant la langue immobile. C'est chaud, humide et agréable – mais un peu plat, non ? Maintenant recommencez, en bougeant la langue autour de vos doigts, et cela constamment, pendant qu'ils vont et viennent dans votre bouche. Ainsi, vos doigts sont léchés de tous les côtés par votre langue. Imaginez ce que cela peut donner sur la partie la plus sensible de l'anatomie de votre amant…

Le boulier

À présent, vous vous occupez de ses testicules. Installez-vous comme il le fait lorsqu'il vous lèche : sur le ventre. Pour éviter de vous tordre le cou, placez un oreiller sous ses hanches. Plusieurs hommes, dans mes séminaires, aiment s'asseoir dans un fauteuil, leur amante agenouillée entre leurs jambes. D'autres préfèrent rester debout, la femme à genoux devant eux. Si cette position vous excite, pensez à vous mettre un coussin sous les genoux avant de commencer.

Le grand W

Démarrez sous l'os de la hanche. Votre langue, tel un pinceau de calligraphie, va dessiner un grand W : descendez sur l'aine, contournez le scrotum, remontez entre les testicules, puis poursuivez de façon symétrique. Vous insisterez, du bout de la langue, sur le périnée, au milieu du W. Cette caresse présente également l'avantage d'humecter les testicules, que vous prendrez ensuite plus facilement dans la bouche.

Les fruits sur l'arbre

Encore une caresse qui fait fureur auprès des hommes. Votre amant, qui est couché sur vous, va se mettre à quatre pattes – mais pas trop haut. Allez vers ses pieds en traçant une ligne du bout de la langue sur sa poitrine, puis sur son ventre. Quand vous arrivez au niveau de son entrejambe, posez vos mains sur ses hanches et guidez son bassin de façon que ses testicules vous atterrissent dans la bouche. Son pénis va battre la mesure sur votre front. Si vous prenez les deux testicules en même temps, c'est bien. Sinon, honorez-les l'un après l'autre.

Les portes du paradis

Certains hommes aiment qu'on leur tienne le sexe en le grignotant sur toute sa longueur, comme un épi de maïs. « Mon mari veut que je le morde et que je tire doucement sur la peau du décrochement, sous le gland, juste avant qu'il jouisse, m'a confié une cliente. Au début, quand il m'a demandé de "mordre plus fort", je n'ai pas osé. Puis j'ai compris que je lui faisais du bien. » Vous pouvez également solliciter vos dents pour lui « peigner » avec douceur le gland.

SECRET D'ALCÔVE

Lorsque vous avez l'un de ses testicules dans la bouche, passez la langue dessous, flattez-le, agitez-le doucement : il va apprécier !

Pianotez dans la zone d'ombre

Taquinez la petite faille en V, sous le gland, avec le dessous de la langue. La sensation sera très différente de celles que procurent le dessus – ou la pointe – de la langue.

Nez sur son gland, menton en contact avec le pénis pour « caler » le mouvement :

1. Du bout des doigts, inclinez légèrement le gland d'un côté, afin d'ouvrir le décrochement et d'avoir une plus grande surface d'action.
2. Passez vivement d'un côté à l'autre de la faille avec le dessous de la langue.
3. Pour parfaire la sensation, faites une demi-pirouette sur le pénis (voir chapitre 5, p. 97).
4. Regardez-le de temps en temps. Ainsi il verra le plaisir que vous prenez à lui faire du bien – ce qui va l'exciter. Il verra aussi que vous contrôlez la situation, ce qui l'excitera encore.

En entier dans votre bouche

1. Formez le sceau et l'anneau avec vos mains.
2. Prenez-le entièrement dans la bouche. Montez et descendez sur son pénis, tout en continuant la succion – ni trop ni trop peu. Servez-vous de votre main en anneau, collée contre vos lèvres, puis tournez d'avant en arrière, tout en allant et venant verticalement.

3. Votre langue bouge sans arrêt. Enchaînez sur la magie de la langue et le grand W. Puis revenez à son phallus.

4. Flattez les « belles-filles » de la main ou de la langue.

5. Votre main libre s'occupe du reste de son corps.

6. Regardez-le dans les yeux.

2

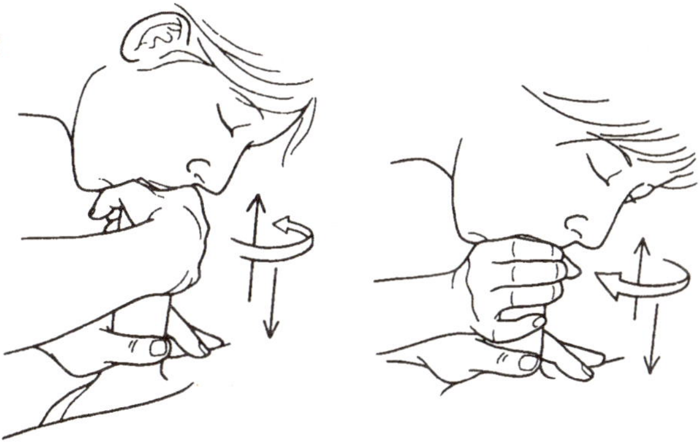

3

4

Quelques raffinements

Le bonheur mentholé

Prenez un bonbon à la menthe forte. Lorsqu'il commence à fondre, sucez votre amant. Cela lui procurera une sensation de picotement – la plupart des hommes trouvent la chose très plaisante. Continuez à manger le bonbon : il tapissera votre bouche d'un filtre épicé et sucré ; il sera alors plus petit et donc plus facile à caler dans le creux d'une joue – sinon, vous penserez à ne pas l'avaler au lieu d'accorder toute votre attention à votre amant.

Le fredonnement

Encore une subtilité : après avoir pris son pénis dans la bouche, entamez un fredonnement vibrant, sur des notes basses. Pour avoir une idée de l'effet produit, mettez-vous les doigts dans la bouche et gémissez doucement. La vibration change quand vous changez de ton.

Le chaud et froid

Certaines femmes disent que leur amant préfère les frissons aux picotements. Lors d'un massage lingual, passez-lui des petits bouts de glace pilée sur le pénis.

D'autres hommes rêvent d'une sensation de chaleur. Prenez une gorgée de café ou de thé brûlant et chauffez-vous ainsi la bouche avant d'y introduire son pénis. S'il est amateur de contrastes, frottez-lui doucement le périnée avec un glaçon, tout en prenant son sexe dans la bouche – langue toujours en mouvement.

Derniers conseils : enveloppez le glaçon dans un linge fin, afin qu'il ne vous glisse pas entre les doigts, et que le tissu absorbe l'eau quand la glace fondra ; enfin, évitez de vous attarder au même endroit, pour ne pas engourdir votre partenaire.

Bon à savoir

Dans la fellation, le rythme prévaut, et change en fonction du partenaire – de même que le serrement de la main sur le pénis, et tous les autres raffinements. Vous alternerez ou associerez la succion, la pression de la main, les mouvements de la langue – sur le pénis, le gland et les testicules –, à votre gré.

Le fond de la bouche, c'est-à-dire l'endroit où le palais devient mou, est un lieu à part, parce que très lubrifié – sauf si vous avez bu beaucoup d'alcool ou mangé très salé (ayez toujours une bouteille d'eau à portée de main).

Une fois que vous avez introduit le pénis à la profondeur idoine, laissez-le reposer quelques instants pour vous habituer à la sensation. Votre palais a une mémoire : la fois suivante, le phallus ira au moins aussi loin. Avec un peu de pratique et de patience, vous pourrez le rentrer de plus en plus. Mais ne le faites que si vous en avez envie – Linda Lovelace peut s'avérer difficile à égaler.

Lorsque vous pratiquez la fellation, mieux vaut user de succions brèves et intenses que d'une longue aspiration, qui concentrera les sensations sur le gland.

Certains hommes circoncis adorent qu'on chatouille leur cicatrice. « Je remercie tous les jours mes parents de m'avoir circoncis. J'adore quand elle passe sa langue autour de la cicatrice ! » m'a confié le mari d'une participante à un séminaire.

Attention aux couronnes et aux dents. Vous ne devez jamais rien avoir de piquant, ou de coupant, dans la bouche.

Pensez à communiquer avec votre partenaire. Intéressez-vous à ses sensations, préoccupez-vous de ses désirs. Les hommes peuvent vous aider à peaufiner vos talents : n'hésitez pas à leur demander des précisions.

7

RECETTES POUR LES « AVENTURIÈRES »

« Le jour où j'ai goûté à ces plaisirs-là pour la première fois a été le plus heureux de ma vie. D'un seul coup, tout m'a paru meilleur, les couleurs étaient plus éclatantes, ce que je mangeais avait plus de goût, et j'étais plus vivant que jamais. »

(W., 40 ans, romancier.)

Chassez les idées reçues

Nous devons ce chapitre et les joies particulières dont il traite à Bryan, mon ami homosexuel. Devant ma perplexité première, Bryan m'a dit : « Les hommes adorent ça, tu verras. Et les femmes qui s'aventurent dans cette voie sont si peu nombreuses que tu vas le laisser pantois. »

Bryan avait raison. Il parlait de plaisir anal, de stimulation manuelle et orale.

Ces raffinements peuvent ne pas vous séduire, mais ils créent une complicité nouvelle entre un homme et une femme. Dans toute aventure, qu'elle soit sexuelle ou non, il peut être intéressant de franchir des limites, ou de briser des tabous.

Ce chapitre sera une mine d'informations pour certaines, d'autres refuseront de découvrir ces nouvelles contrées. Ne nous leurrons pas : si les hommes adorent ces privautés, les femmes se font un plaisir de les en régaler. Cela demande un minimum de désinhibition, ou simplement de se sentir en confiance dans une relation.

D'un point de vue très prosaïque, comprenez que l'anus est l'une des zones les plus sensibles du corps humain.

Si on associe ces plaisirs à l'homosexualité masculine, c'est à tort, car les hétérosexuels s'y adonnent avec bonheur. Faisons donc fi de ces préjugés. Comme l'a dit l'une de mes clientes, agent immobilier à Los Angeles : « Mon amant m'a avoué n'avoir jamais rien avoir éprouvé de tel. Non seulement la sensation est époustouflante, mais le fait que ce soit moi qui lui fasse ça l'a excité comme jamais. »

Une autre femme m'a confié : « Notre vie sexuelle n'avait plus rien d'exaltant. Nous sommes mariés depuis des années et nous rêvions de retrouver la magie des premiers temps. Nous avons parlé et découvert que nous avions envie l'un et l'autre d'emprunter cette voie étroite et peu explorée. Comme quoi il suffit de communiquer ! »

Nombre de femmes aiment la sodomie et les plaisirs y afférant. Certaines la préfèrent même à la pénétration vaginale, pour des raisons parfois religieuses ou culturelles – ainsi, elles n'ont pas à craindre une grossesse et peuvent conserver leur virginité.

Un autre préjugé consiste à affirmer que le coït anal est l'affirmation d'un esprit ouvert ou libre. À ces hommes qui vous disent : « Si tu m'aimais vraiment, tu… », ou encore : « Si tu étais moins puritaine, tu… », répondez que l'homme propose et que la femme dispose. Ceux qui se montrent les plus courtois sont les plus malins : ils arrivent généralement à leurs fins.

Donc, si cela vous sied et vous réjouit, tant mieux. Si cela vous rebute, il existe mille autres façons de vous donner du plaisir à deux.

Avant toute chose

La propreté s'impose (douche, bain, bidet).

Si vous désirez le pénétrer avec un ou plusieurs doigts, les ongles seront doux sur le contour, et courts.

Essayez sur vous-même ce que vous projetez de lui faire.

La membrane de l'anus étant fine et fragile, pour plus de confort et de facilité, utilisez un lubrifiant – à base d'eau (les préservatifs en latex craquent au contact des corps gras).

SECRET D'ALCÔVE

Un intestin vide depuis peu contient moins de bactéries qu'une bouche.

Les grandes harmonies

Elles sont au nombre de trois. Il existe trois principales manières d'approcher la région concernée.

La stimulation anale

Les joies de cette pratique sont liées à l'anatomie humaine. Pour vous en convaincre, pensez que le périnée – ce muscle « suspenseur » qui relie l'avant à l'arrière du pelvis chez les deux sexes – se contracte au moment de l'orgasme, à raison d'une pulsation tous les huit dixièmes de seconde. La plupart des femmes sentent très bien ces contractions, mais n'ont pas conscience que leur anus pulse sur le même rythme – le rectum traverse ce tissu musculaire et se contracte en même temps que lui.

Entre hétérosexuels, le coït anal peut se pratiquer avec les doigts, des godemichés, des vibromasseurs, des colliers de perles spéciaux.

Quelques astuces

1. Commencez par des pressions douces.

2. Assurez-vous que vos accessoires ne présentent aucune aspérité. Polissez-les au besoin avec une lime à ongles.

3. Usez de caresses variées : des approches concentriques, ou des va-et-vient de petite amplitude – d'avant en arrière et de gauche à droite – sur l'anus lui-même.

4. Créez des vibrations avec les doigts, ou un vibromasseur de petit diamètre.

5. Pour préparer le terrain, insérez un doigt pendant 1 minute, puis deux doigts pendant 2 minutes.

6. Ne laissez pas ce (ces) doigt(s) inerte(s). Tournez doucement, tout en pratiquant un petit va-et-vient d'une amplitude de 2 à 3 cm.

7. Pour détendre le sphincter anal et rendre la pénétration plus aisée, vous pouvez y insérer un vibromasseur fin ou un collier de perles – votre partenaire va respirer profondément et imprimer une légère poussée sur l'anus.

8. Les accessoires employés pour la pénétration anale seront réservés à ce seul usage.

9. Agitez le collier de perles dans le rectum avant l'orgasme – ou au moment de l'orgasme. Vous pouvez aussi retirer les perles d'un coup – ou une par une. Le collier se terminera par un anneau, afin qu'on ne puisse pas l'insérer entièrement dans le rectum… où seul un médecin pourrait aller le rechercher…

SECRET D'ALCÔVE

Si vous n'êtes pas prête à lui offrir un coït anal, massez le bord de son anus avec le gras de votre pouce. Vous constaterez que vous l'excitez – et peut-être aurez-vous le désir d'aller plus loin.

Le massage du point G de l'homme, ou massage de la prostate

C'est l'équivalent théorique de la stimulation du point G de la femme. Chez l'homme, ce point correspond au périnée. On peut le stimuler de l'extérieur et de l'intérieur. La plupart des hommes n'ont jamais goûté à ce type de massage. Un agent de change de Dallas, âgé de quarante-cinq ans, a déclaré, dans un séminaire : « Jamais personne ne m'avait, ne fût-ce qu'une fois, approché par-derrière. Quand ma fiancée m'a relevé les jambes et massé l'anus avec son pouce, la sensation a été vive. Et lorsqu'elle m'a introduit un doigt à l'intérieur, tout en me suçant, j'ai explosé. Le plaisir était si intense ! »

Le fait de masser la prostate – le point G – reproduit, et intensifie, trois réactions orgasmiques chez l'homme :

– la contraction et la pulsation du segment inférieur de l'urètre, à l'intérieur de la prostate ;
– les contractions de la prostate ;
– la contraction du périnée.

Aussi, lorsque vous massez le point G d'un homme – extérieurement ou intérieurement –, avant ou pendant la jouissance, vous reproduisez les sensations orgasmiques.

Le massage externe du point G

Le meilleur moyen de pratiquer ce massage est de vous placer entre les jambes d'un homme allongé – sur un lit, sur le sol –, ou assis dans un fauteuil. Vous aurez une main sur son périnée, l'autre sur son sexe ou ses testicules. Essayez une version à une main de l'Ode à

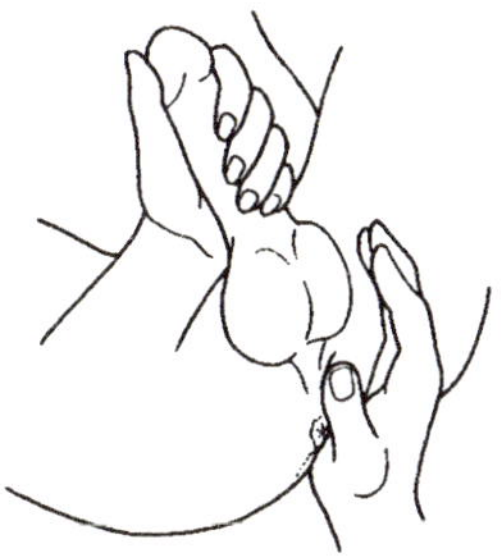

Bryan. Ou innovez. L'essentiel est de procurer des sensations inouïes à votre partenaire. Veillez à pouvoir atteindre facilement son périnée.

Encore une fois, attention aux ongles. Et n'oubliez pas une petite goutte de lubrifiant.

Évitez les pressions continues sur le périnée. Vous risqueriez l'engourdissement de la zone visée. Il convient d'associer un mouvement – circulaire, ou d'avant en arrière – aux pressions répétées.

Caresses en option (pour stimuler le point G)

Faites des tours ou de petits va-et-vient de 1 cm sur le périnée, avec le gras du pouce.

Repliez votre index et votre majeur au niveau de la deuxième phalange. Enduisez ces articulations de lubrifiant, puis tournez-les – ensemble – sous les testicules. Commencez à la base du périnée, remontez entre les testicules, redescendez. Puis récidivez.

Certaines de mes clientes utilisent un vibromasseur : le lapin dressé. Dans son utilisation première, il stimule le clitoris – avec son museau et ses oreilles – tout en s'insérant dans le vagin. Il peut aussi se partager. Mes clientes m'assurent des meilleurs résultats avec un homme couché sur elles – le lapin vibrateur stimule à la fois le clitoris de la femme et le périnée de son partenaire.

Massage interne du point G

1. Pour préparer votre amant, vous pouvez enfiler un doigtier, ou un gant en latex très fin. Que vous pratiquiez à main nue ou non, il convient d'utiliser un lubrifiant à base d'eau. Ou encore un godemiché lubrifié.

2. Insérez votre doigt ou un accessoire phallique dans l'anus de votre partenaire – avec délicatesse. Demandez-lui d'exercer une légère poussée sur le sphincter, comme s'il était aux toilettes, ce qui facilite l'introduction du doigt ou du godemiché. Votre amant peut vous guider sur la façon de poursuivre. Il est souvent préférable d'insérer le doigt – ou l'objet – à moitié, puis d'attendre 1 ou 2 minutes sans bouger, pour laisser le sphincter se détendre.

3. Si vous l'avez pénétré avec un doigt, au-delà de la deuxième phalange, faites le signe qui signifie : « Venez par ici », en direction de son nombril. Vous sentez une petite sphère ? Vous avez trouvé la prostate. Palpez-la à travers la membrane rectale.

4. La plupart des hommes préfèrent des mouvements doux. Usez de va-et-vient de petite amplitude, tout en tournant le doigt à l'intérieur. Lorsque vous ressortez, arrêtez-vous à l'ongle. C'est le gras du doigt qui agit, pas les bords d'un ongle dur – même limé.

5. Ne retirez pas votre doigt dès que votre amant a joui. Attendez que le périnée se détende. Et, même alors, ressortez le doigt tout doucement.

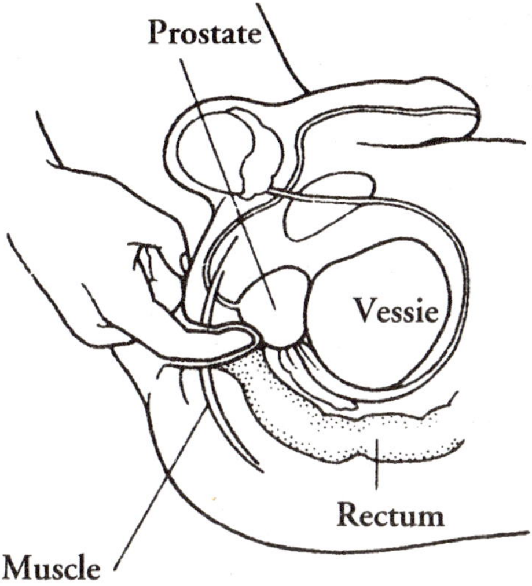

Une subtilité : lorsque vous venez de stimuler – intérieurement – le point G de votre partenaire allongé sur le dos, demandez-lui de se retourner, puis massez-lui les reins avec un vibromasseur de taille standard. Après quoi, introduisez la pointe du vibromasseur dans son anus. L'une de mes clientes m'a assuré que cela donne d'excellents résultats.

SECRET D'ALCÔVE

Ce que vous faites avec votre doigt, faites-le avec la langue ! Chaque fois qu'elle prend une forme différente, votre langue procure une sensation nouvelle à votre partenaire. Si vous n'êtes pas convaincue, essayez sur la paume de votre main !

Stimulation orale de l'anus

La propreté est à l'ordre du jour. Même si votre partenaire s'est soigneusement lavé, une odeur naturelle peut subsister : elle disparaîtra au contact de la salive. Toutefois, si votre amant a une hépatite, évitez ces pratiques : le virus se transmet aussi par cette voie-là.

Pétales de rose

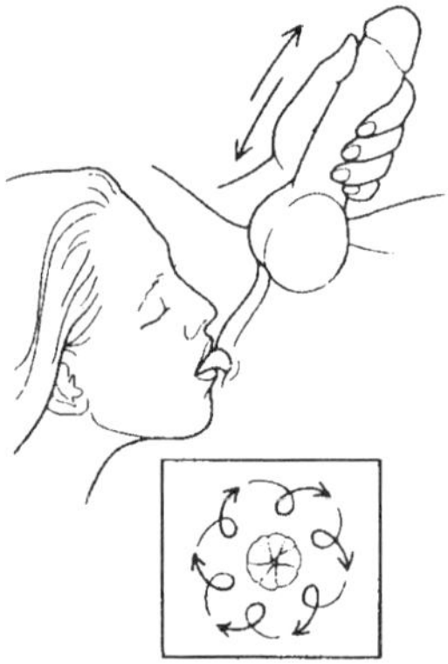

Décrivez de petits cercles au bord du sphincter anal avec la langue (l'intérieur du rectum est aussi sensible que l'intérieur des lèvres). L'idée est de dessiner une fleur sur la zone lisse de la muqueuse.

Du bout de la langue, comme avec un pinceau de calligraphe, vous pouvez aussi tracer des rayons en partant du centre, et faire un soleil.

Introduisez le bout de la langue dans l'anus. Vous n'irez pas bien loin : le muscle de la langue ne peut rivaliser de force avec celui du sphincter anal. Toutefois, votre partenaire aura une impression chaude et humide des plus agréables.

Une fois de plus, associez les plaisirs : vous pouvez le masturber tout en lui faisant un « pétales de rose ». Il sera à quatre pattes, ou sur le dos.

Quelques trucs

Afin d'intensifier ses sensations, écartez-lui les fesses : vous disposerez d'une plus grande surface sensible.

Pour une stimulation orale de l'anus et un massage de son point G, faites mettre votre partenaire à quatre pattes et demandez-lui d'appuyer son front sur le drap. Vous disposerez d'une zone d'action plus vaste (cuisses, dos, fesses, testicules, anus). Ou demandez-lui de se mettre sur le dos, jambes repliées sur la poitrine. Votre partenaire vous offre ainsi la plus large superficie possible.

8

ALLONS JOUIR ENSEMBLE OU LA MAGIE DU PLAISIR

« Vous m'avez donné des recettes qui m'ont replongée dans le passé : au tout début de mon mariage ! »

(C., 43 ans, actrice.)

Nous arrivons au dernier acte. Voyons comment en faire un moment fabuleux. Un échange rapide peut laisser un souvenir impérissable. Toutefois, les centaines de témoignages que j'ai recueillis, tant auprès d'hommes que de femmes, m'incitent à penser que la science érotique, l'imagination et un rien de perversité donnent une dimension divine à la chose.

Comme l'a déclaré un homme de cinquante-cinq ans : « À quinze ans, il me suffisait de regarder une femme pour saluer les étoiles. Aujourd'hui, il faut qu'elle s'assoie sur mes genoux. » Un écrivain californien, d'une quarantaine d'années, décrit ainsi le coït : « C'est beaucoup de boulot : tu dois donner des coups de bassin, rester en érection, appuyer sur tes orteils, la regarder dans les yeux et lui dire : "Je t'aime !" »

Je ne puis que me répéter : le plaisir est proportionnel à la participation. Le coït est un échange d'énergie, de plaisir, d'amour, une fusion des corps, une communion des âmes – à condition que l'on désire son partenaire, pas qu'on se contente de le tolérer. L'acte d'amour crée la vie. Certes, je ne veux pas dire qu'on doive se fondre l'un dans l'autre pour procréer, mais rester inerte comme une bûche pendant qu'il s'agite en vous n'a rien d'exaltant – pour aucun des deux partenaires – et est très loin du respect que l'on doit avoir l'un pour l'autre.

Quel est le secret d'une vie sexuelle réussie ? Celui de toutes les réussites : être présent, être bien dans ce que l'on fait, s'impliquer sans retenue, avec foi, volonté, générosité. Manifestez votre joie : criez, gémissez, parlez, riez. Un échange muet n'est pas toujours un échange. Mais le silence a ses vertus.

Nombre de femmes manquent de confiance en elles. Elles verront dans ce chapitre comment on s'exprime de façon plus excitante, plus érotique. Mais encore une fois, j'insiste : l'essentiel, pour un homme, est de voir sa partenaire dans tous ses états. Les hommes adorent nous exciter. Si vous voulez être une meilleure amante, trouvez un partenaire qui vous stimule vraiment. Le reste ne demande que de rares ajustements.

SECRET D'ALCÔVE

La chaleur, la moiteur, la pression sont les trois facteurs qui déterminent une pénétration sublime – d'après les hommes.

Les orgasmes de la femme

Il y a mille façons de déclencher un orgasme, et divers degrés de jouissance, mais il n'y a qu'une manière de jouir. Nombre de femmes vivent dans la culpabilité parce qu'elles n'arrivent pas à des sommets de plaisir. Détendez-vous : seulement 30 % des femmes ont des orgasmes pendant le coït – si je me fie aux confidences qu'on m'a faites, ce chiffre est d'ailleurs exagéré.

La plupart des femmes n'ont que des orgasmes clitoridiens. Quant à jouir ensemble, cela n'est systématique qu'au cinéma.Beaucoup de femmes se sentent infériorisées et déçues quand elles n'éprouvent pas l'orgasme qu'elles « auraient dû » avoir. Mais il y a des moyens pour augmenter ses chances de jouir : pour une femme, mieux connaître son corps et se concentrer sur certaines zones.

Certaines souhaitent être stimulées durant les préliminaires, d'autres attendent le coït pour qu'on s'occupe d'elles. Quelles que soient vos préférences, parlez-en clairement à votre amant. Qu'il abrège ce prélude qui n'en finit pas, ou qu'il diffère son assaut ! Mais avouez vos désirs. Les hommes veulent nous faire jouir, croyez-moi. D'autant plus s'ils sont amoureux de nous. Cela dit, même le plus égocentrique d'entre eux veut se savoir capable de nous procurer un plaisir inouï. L'ego de nos partenaires se nourrit grandement de l'image qu'on leur renvoie.

Ne vous sentez pas coupable d'avoir joui la première. L'homme s'endort après l'orgasme. La femme, quant à elle, se régénère. Et elle peut jouir plusieurs fois de suite.

L'homme qui veut profiter de son énergie décuplée a tout intérêt à la satisfaire avant lui.

Les sources du plaisir extrême sont multiples et variées. La stimulation du clitoris pendant la pénétration, l'excitation des mamelons, les caresses sur un corps devenu entièrement érogène, l'imagination débridée – en action ou en pensée (avouée ou cachée) – peuvent conduire une femme à l'orgasme.

Stimuler le clitoris

En dehors du coït

Dans ce cas, l'homme vous masturbera avec ses doigts et/ou un vibromasseur, ou vous fera jouir avec sa langue.

Pendant le coït

Le plus souvent, une femme jouit lorsqu'elle s'assied sur son partenaire après des préliminaires réussis. Une banquière m'a confié : « Pour avoir un orgasme, j'ai besoin qu'il me suce avant de m'empaler sur lui. Mais si je n'ai pas joui dans les cinq premières minutes, inutile d'insister. »

Une universitaire de Nashville explique que son mari la stimule avec un vibromasseur lorsqu'elle le chevauche : « Mon mari le tient en place, et je frotte mon clitoris dessus pendant qu'il me prend. Il me voit

SECRET D'ALCÔVE

La plupart des femmes ne jouissent que grâce à une stimulation manuelle, ou orale, du clitoris.

perdre tout contrôle et il me sent jouir plusieurs fois. Il dit qu'il a l'impression d'assister à son propre *life show.* »

Le point G

Les orgasmes féminins sans stimulation clitoridienne sont souvent dus à l'excitation du point G. Cette zone tant prisée est de la taille d'un haricot sec et se situe aux deux tiers de votre majeur, sur la paroi avant du vagin – côté pubis. Ce point magique, qui a fait couler autant d'encre que de sperme, doit son nom au médecin allemand qui en a découvert l'existence, Ernst Grafenberg. Si on le stimule, le point G gonfle et s'élargit – jusqu'à prendre la taille d'une pièce d'un franc. Après une excitation continue de cette zone, certaines femmes peuvent avoir des orgasmes extraordinaires ; d'autres, au contraire, trouvent déplaisant qu'on s'y attarde ; certaines, enfin, s'interrogent toujours sur son existence. D'après les scientifiques, certaines femmes ont un point G, d'autres pas. Comme l'a remarqué un sexologue : « Les femmes jouissaient avant le point G. Pourquoi se laisser obséder par la question ? »

Pour entrer en contact avec le point G, il est conseillé à l'homme de pénétrer la femme en levrette, ou à la femme de s'asseoir sur son partenaire.

SECRET D'ALCÔVE

Les femmes qui ont eu un enfant par voie basse ont un vagin plus élastique. Ainsi le pénis peut-il masser et exciter la paroi avant du vagin plus facilement.

L'orgasme vaginal

La technique utilisée est dite de contact ou d'alignement coïtal. Celui-ci s'opère entre les deux parties génitales mâles et femelles – clitoris contre pubis de l'homme, un os très doux, car recouvert d'un coussinet de chair.

Le vagin est un lieu mystérieux, qui recèle maints points sensibles. Certaines femmes parlent d'orgasme vaginal, parce que c'est l'endroit où elles éprouvent les sensations les plus fortes. Une stimulation du clitoris pendant la pénétration peut en provoquer un – si le clitoris reste en contact avec le pubis du partenaire –, la femme jouissant par alignement coïtal (elle peut être sur l'homme, et vice versa). Celui-ci la pénétrera le plus profondément possible et imprimera, par l'intermédiaire de son pubis, sur le clitoris de sa partenaire, un mouvement régulier qui amènera celle-ci à l'orgasme.

L'éjaculation féminine

Certaines femmes éjaculent régulièrement, d'autres rarement, voire jamais, qu'il s'agisse d'un orgasme vaginal, d'une masturbation ou d'un cunnilingus. L'éjaculation féminine serait produite par les glandes de Bartholin, situées de chaque côté de l'urètre, qui ont le même réflexe sécréteur que les glandes salivaires. Les hommes qui ont goûté à ce fluide affirment qu'il a une saveur – et une odeur – sucrée. D'autres trouvent qu'il n'est pas très différent des sécrétions vaginales.

PRUDENCE EST MÈRE DE SÛRETÉ

J'ai déjà insisté sur ce fait, mais je le répète : ayez des relations sexuelles protégées tant que vous n'avez pas la certitude d'être absolument sains. C'est une question de respect – de soi et de l'autre.

Conseils divers

Les lubrifiants ne font qu'augmenter votre plaisir durant le coït. Une femme ne reste pas lubrifiée éternellement. Inutile de provoquer une irritation – du vagin ou du pénis –, même brève et légère, qui vous obligerait à espacer les relations pour des raisons purement physiologiques.

Autre chose : si vous rêvez d'un pubis imberbe, choisissez plutôt la cire que le rasoir – les effets sont plus durables, et les poils moins piquants lorsqu'ils repoussent.

Positions

Dans les ouvrages érotiques, ou d'éducation sexuelle, on parle de plusieurs dizaines de positions pour faire l'amour : or, il n'en existe que six.

Les autres ne sont que des variations autour de ces grands classiques. Pas de panique : si le clavier d'un piano ne compte que 88 touches, on peut en tirer des variations à l'infini. Mais il ne s'agit pas ici de se transformer en gymnaste : la plupart des couples n'ont recours qu'à deux ou trois positions. Le but est de dépasser vos limites pour connaître un plaisir extrême. La variété peut y concourir.

Position 1 : la femme sur l'homme

Vous êtes assise – ou accroupie – sur votre partenaire, vous lui faites face ou vous lui tournez le dos. Les femmes aiment cette position d'où elles peuvent, si elles le désirent, diriger les opérations. Les hommes l'aiment aussi. Ils adorent voir les seins de leur partenaire tressauter, ses cheveux leur frôler le visage. Le directeur d'un magazine de San Francisco raconte : « J'ai su que ce serait ma position préférée quand j'ai vu une fille en jupe s'asseoir sur son partenaire dans un film X. J'avais quatorze ans ! Aujourd'hui, quand ma femme s'assied sur moi, je dois faire un effort terrible pour ne pas jouir tout de suite. »

En outre, les hommes lisent sur votre visage l'effet qu'ils vous font – ce qui les excite. « J'ai les seins très sensibles, dit une femme d'Omaha. Dans cette position, je peux me pencher sur mon mari qui me les suce et me les flatte. Je ne résiste jamais très longtemps ! »

Certaines femmes, un peu complexées, n'aiment pas s'exposer ainsi à la vue de leur partenaire. Encore une fois, ce n'est pas dans ces instants que les hommes vous regarderont d'un œil critique – ils sont les premiers à le dire. S'ils sont conscients de vos défauts hors de la chambre, une fois au lit ils les oublient aussitôt.

Quelques astuces. S'il s'occupe aussi de votre clitoris, vous augmentez vos chances d'avoir un orgasme. Quand vous vous sentez prête à décoller, grimpez sur lui. Si vous bougez un peu vivement, les probabilités sont grandes que vous jouissiez.

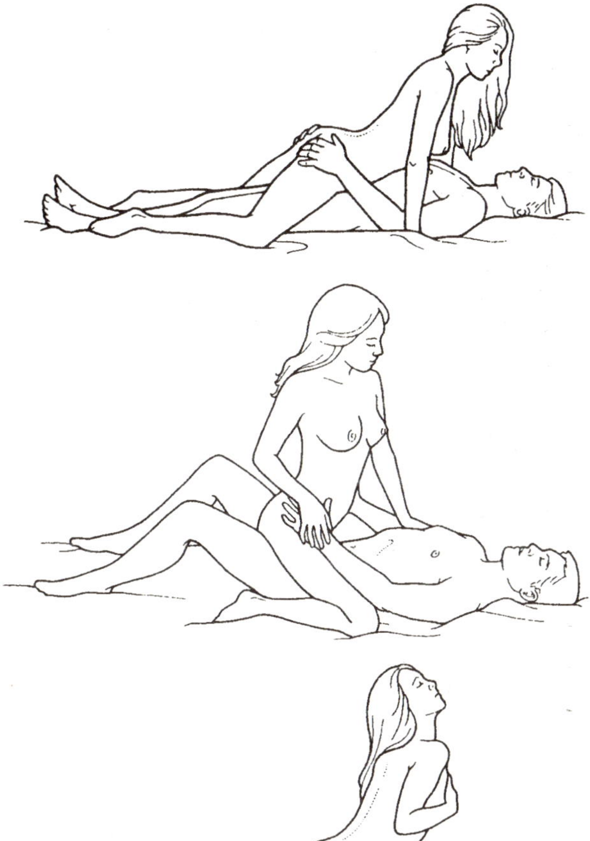

La femme sur l'homme

Vous pouvez le caresser avec tout votre corps. Lorsque vous vous êtes bien frottée sur lui, empalez-vous sur son pénis. Il peut vous tenir les hanches, vous caresser les fesses. Vous jouerez, éventuellement, avec ses testicules.

Lui faire face présente l'avantage de pouvoir le regarder dans les yeux. Il peut aussi vous toucher les seins pendant que vous bougez.

Ne pas lui faire face vous permet de sentir son pénis contre la paroi antérieure du vagin (près du point G) – sinon, heureusement, il y a l'anus.

SECRET D'ALCÔVE

Si vous craignez de porter tout votre poids sur son pelvis lorsque vous le chevauchez, penchez-vous sur sa poitrine – ou sur ses cuisses si vous lui tournez le dos.

Position 2 : l'homme sur la femme

Cette position, dite du « missionnaire », est la plus utilisée. Elle convient aux hommes : ils peuvent varier le rythme et la profondeur de pénétration, selon qu'ils approchent de l'orgasme ou non. Elle plaît aux femmes, qui sont ainsi totalement contre leur partenaire. C'est une position romantique : on s'étreint, on s'embrasse. Les femmes ont le sentiment d'être aimées et protégées.

Quelques astuces. Le « missionnaire » a aussi ses variantes. Emprisonnez son pénis entre vos seins. Vous recréez un tunnel chaud, c'est-à-dire que sont réunies toutes les conditions requises pour le faire jouir, et ce à la base de votre cou. On appelle cela « offrir un collier de perles à une femme ».

Glissez la main entre ses cuisses, serrez, puis relâchez ses testicules sur le rythme de ses va-et-vient.

Massez-lui l'anus pendant qu'il s'active en vous ou introduisez un doigt dedans (n'oubliez pas de le retirer doucement).

Serrez les jambes : ainsi, vous augmenterez l'étroitesse de votre vagin – et diminuerez la profondeur de pénétration, si l'homme a un très gros pénis.

Pour coller totalement votre corps au sien, passez vos jambes sur lui, afin de vous mettre à la même inclinaison.

Donnez-lui l'impression de l'aspirer en vous : soufflez avant qu'il vous pénètre, puis inspirez en contractant le périnée au moment où il entre.

Relevez complètement les jambes. Vous stimulerez ainsi la paroi postérieure de votre vagin.

L'homme sur la femme

Position 3 : sur le côté

L'homme et la femme sont flanc à flanc, ou face à face, ou la femme devant. L'homme peut ainsi s'occuper longuement de sa partenaire sans jouir. Le degré de pénétration est moindre – un avantage pour les femmes dont les amants ont de gros pénis. Comme dans le « missionnaire », les corps se touchent et il est possible de s'étreindre et de s'embrasser. Un banquier de Londres a découvert cette position lors de sa première nuit avec sa femme car, partis camper, ils n'avaient emporté qu'un sac de couchage.

Quelques astuces. Lorsqu'il est derrière vous, l'homme peut s'occuper de votre clitoris.

Vous pouvez intensifier la sensation en serrant les cuisses.

Une pénétration par-derrière dans cette position présente tous les avantages pour une femme enceinte, et pour son conjoint : elle repose son ventre, et il peut jouer avec ses (gros) seins.

SECRET D'ALCÔVE

L'une de mes clientes se glisse de petits cubes de glace dans le vagin avant que son mari la pénètre. Il trouve cela très bien.

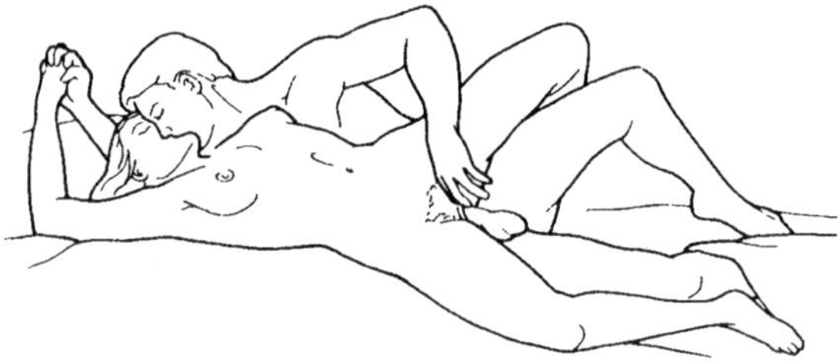

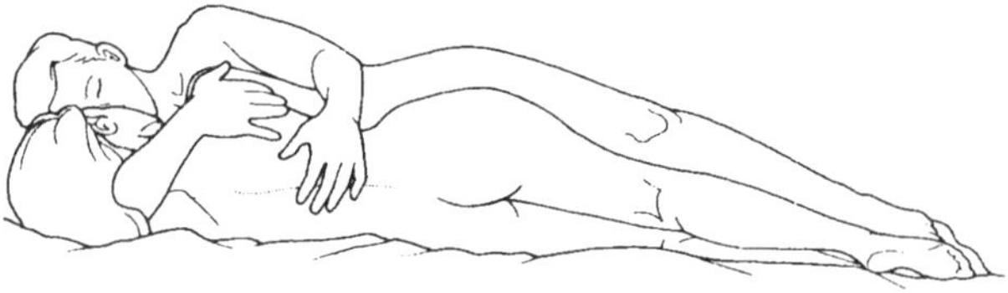

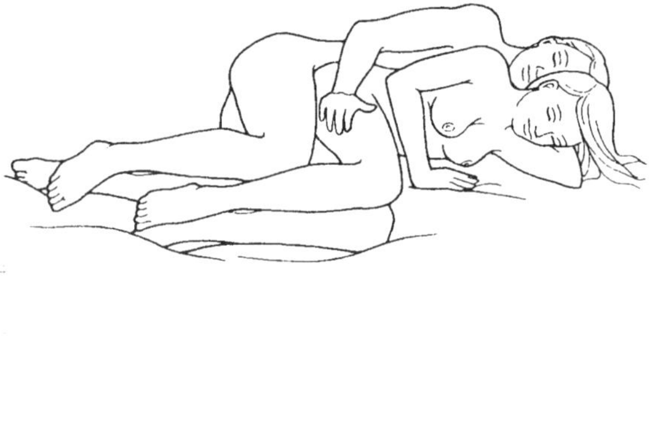

Sur le côté

Position 4 : par-derrière

La majorité des femmes trouvent la chose très érotique. La plupart des hommes aussi. « C'est tellement animal, dit un dentiste de San Diego. J'aime voir son cul et la pénétrer jusqu'à la garde. »

La femme sera à plat ventre, à quatre pattes, penchée en avant, ou couchée sur le côté, devant son amant.

Quelques astuces. Cette position serait la meilleure pour stimuler le point G, en raison de l'angle de pénétration.

Seule réserve : les hommes trouvent cette position si excitante qu'ils jouissent très vite.

Cette position peut être douloureuse si vous avez l'utérus antéversé ou si votre partenaire est de grande taille.

SECRET D'ALCÔVE

Lorsqu'il est en vous, essayez de pulser autour de son pénis. Non seulement cela lui fera du bien, mais vous pourrez aussi en avoir un orgasme.

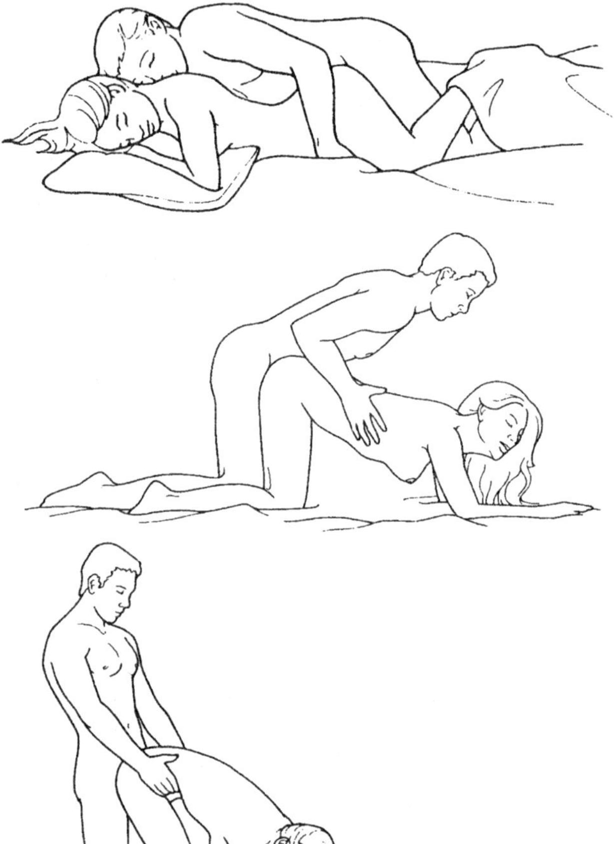

Par-derrière

Position 5 : debout

Le plus sûr – pour des raisons d'équilibre – est que la femme se mette contre un mur et l'homme devant elle (à moins qu'il ne soit particulièrement costaud). Cette position est l'une des plus excitantes, qu'il s'agisse d'un lieu public (ascenseur, parking) ou pas. L'idée qu'il va vous prendre, ici, tout de suite, est très exaltante – tout comme le fait d'être son fantasme vivant. Le côté sauvage de la rencontre est sans doute la meilleure façon d'entretenir le romantisme de la relation.

Petites mises en garde. Lorsque vous enroulez vos jambes autour de votre amant, assurez-vous que vous ne lui faites pas mal. « J'étais à Hawaï avec mon mari, sur le balcon de la chambre, au coucher du soleil. Nous rentrions d'un cocktail. Je lui ai dit que je n'avais rien sous ma robe. Il m'a assise sur la rambarde, je l'ai serré entre mes cuisses. Nous n'avons pas tardé à râler comme des bêtes, quand il s'est mis à crier. De plaisir, ai-je pensé, alors que je lui rentrais mes talons aiguilles dans les mollets ! »

Veillez à ce que votre amant ait un point d'appui. Sinon la chose peut être périlleuse, comme en témoigne cette femme de vingt-quatre ans, propriétaire d'une librairie. « Mon petit ami a voulu me prendre debout, au milieu de la chambre. Et je suis tombée en arrière, parce qu'il avait du mal à me soulever. Pourtant, je ne pèse que cinquante-sept kilos ! »

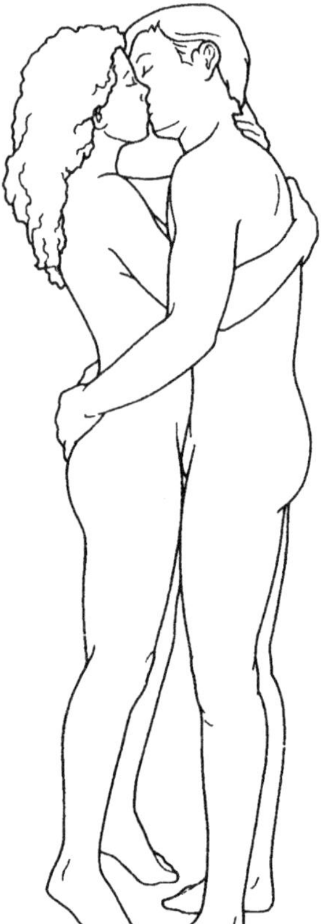

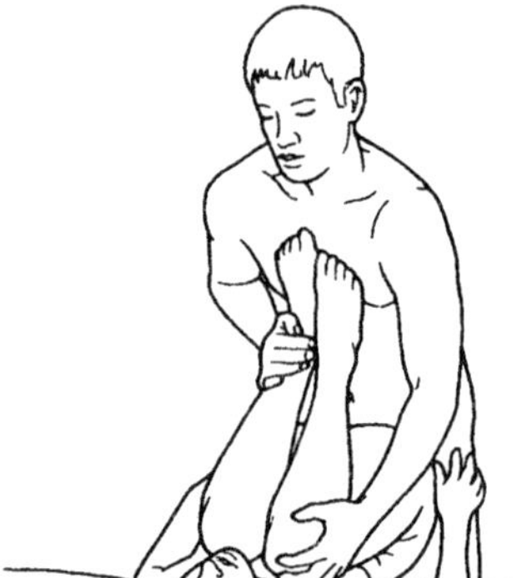

Debout

Position 6 : assise sur lui

Cette position a l'attrait de la nouveauté.

Quelques astuces. La femme chevauche son partenaire, qui est assis sur une chaise ou un canapé. Elle est face ou dos à lui, ou sur le côté.

Une femme enceinte chevauchera aisément un homme assis sur une chaise.

Vagin serré, périnée musclé

On m'a souvent demandé des recettes pour augmenter l'étroitesse du vagin. Quelques exercices suffisent (voir plus loin).

Pour déterminer la capacité de contraction de votre périnée, introduisez deux ou trois doigts dans votre vagin et emprisonnez-les. Si vous avez l'impression qu'un élastique très large enserre vos doigts, vous avez un périnée prêt à l'action. Si vous sentez une pression moindre, vous devrez travailler un peu la question. Que vous ayez eu des enfants, ou que vous preniez de l'âge, il faut en effet entretenir ce muscle, qui joue un rôle essentiel dans l'échange amoureux.

Les hommes sentent d'ailleurs la différence. « Lorsqu'une femme est étroite, on la sent sur toute la longueur du pénis en la pénétrant, dit ainsi un photographe californien de quarante-huit ans. Mais dès qu'elle s'excite et qu'elle est lubrifiée, elle se décontracte. »

Détendez-vous donc : que votre attention se relâche ou non, cela n'influe pas sur le plaisir ultime de votre partenaire. Cependant, sachez que plus le périnée se

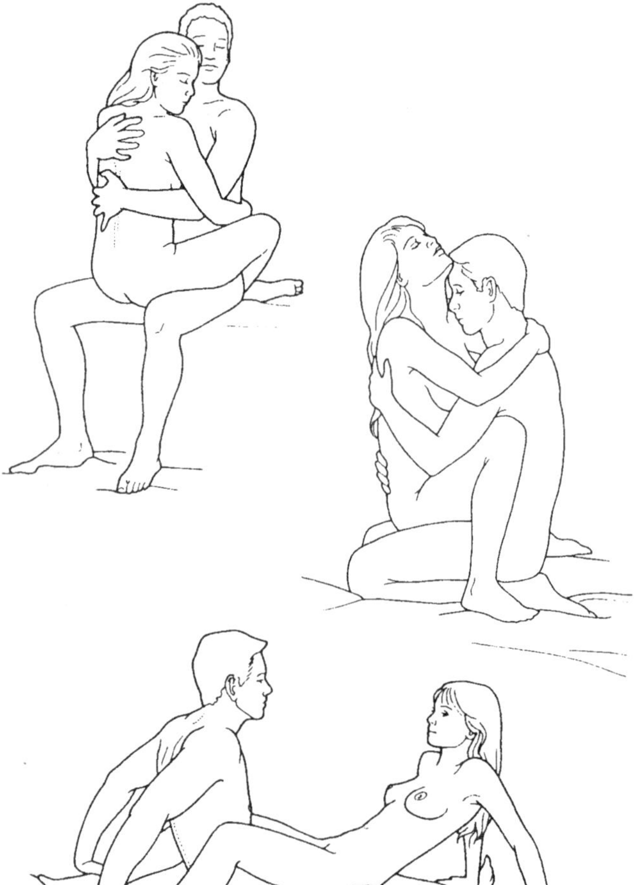

Assise sur lui

contractera aisément, plus vous jouirez facilement. Les exercices de Kegel sont les plus efficaces en la matière.

La méthode la plus simple consiste à resserrer, puis relâcher les muscles qui entourent le vagin. Cet exercice peut se pratiquer discrètement au volant d'une voiture, à l'arrêt d'autobus, assise à votre bureau ou devant la télévision.

Petites choses à savoir sur le coït

Pour trouver les positions les plus confortables, ou celles qui vous rendent plus étroite, enfermez-vous avec un godemiché et essayez divers mouvements, différents angles de pénétration.

Si vous éprouvez une sensation de brûlure durant le coït, voyez si vous êtes assez lubrifiée, ou si vous n'avez pas employé un lubrifiant contenant du Nonoxynol-9. Dans la négative, prenez rendez-vous avec votre médecin : vous pourriez souffrir d'une maladie vénérienne.

Si vous ressentez une douleur vive durant le coït, il se peut que votre partenaire cogne un peu fort contre le col de votre utérus. Changez de position. Le problème est peut-être dû aussi à un frottement sur des cicatrices d'épisiotomie, ou à une MST.

Vous maîtrisez mieux les techniques érotiques, votre périnée vous répond ? Alors oubliez votre science, vos inhibitions, et abandonnez-vous à la fusion des corps et des âmes.

QUELQUES EXERCICES POUR LE PÉRINÉE

L'exercice classique

1. Étendez-vous sur le dos, les genoux fléchis, les pieds au sol.

2. Laissez reposer une main par terre et l'autre sur votre abdomen.

3. Contractez la région située entre le vagin et l'anus ; serrez les muscles vers l'intérieur.

4. Pour intensifier les effets de l'exercice :

- inspirez en contractant, expirez en relâchant ;
- variez le rythme des contractions. Faites l'ascenseur (une contraction profonde et prolongée vers le haut) et le « papillon » (série de pulsations rapides et intenses du périnée).

5. Consacrez du temps à votre périnée. Faites-le pulser en conduisant, au concert, au cinéma, au restaurant. Commencez par 20 pulsations rapides, suivies de 20 contractions profondes. Puis multipliez les séries. Si vous vous entraînez avec assiduité, vous ne tarderez pas à voir les résultats de vos efforts. Le périnée ne tardera pas à se renforcer. Vous saurez qu'il se développe quand le pénis de votre amant vous paraîtra plus gros qu'avant. Plus vous le serrerez, plus vous le sentirez – et plus ce sera jouissif, pour lui comme pour vous.

Voici, à présent, quelques suggestions pour resserrer le vagin avec divers accessoires.

L'œuf de jade

La tradition veut qu'on utilise ces œufs dans le Tao de l'art d'aimer. Dans le Tao de la guérison, un œuf en jade, inséré dans le vagin, stimule la force vitale, le chi, en sollicitant le périnée et le diaphragme pelvien. À l'issue de toute une série d'exercices, vous déplacerez l'objet de haut en bas, de gauche à droite, vous le ferez tressauter. Si les philosophies orientales vous séduisent, et si vous êtes capable de contracter la partie supérieure de votre vagin, l'œuf de jade peut vous convenir.

Kegelcisor

Un Kegelcisor est un petit haltère de 15 cm de long, avec une bague en son milieu, qui permet de muscler le périnée. Insérez-le dans le vagin à mi-longueur, puis contractez le périnée : le Kegelcisor offre une résistance, et plus vous vous musclerez, plus vous parviendrez à le faire entrer.

Femtone

Il s'agit d'un jeu de poids qui ont la forme d'œufs. L'idée est de réussir les exercices avec le plus lourd d'entre eux – après avoir réussi avec tous les autres. Vous pouvez les garder en vous durant la journée. La directrice d'un magazine, mère de deux enfants, a voulu aller trop vite : « Je me suis dit : c'est si facile ! Mon périnée est déjà musclé. J'ai pris l'avant-dernier œuf… et il est tombé ! J'ai dû repartir du troisième œuf, puis m'entraîner un certain temps avant de pouvoir insérer le cinquième et dernier. »

9

LES ATOUTS DES ACCESSOIRES ÉROTIQUES

« Quand je pense que j'ignorais l'existence de ces objets ! Ils ont donné une nouvelle dimension à nos ébats. Non pas que nous ne puissions plus nous en passer, mais pourquoi s'en priver ? »

(V., 47 ans, avocate.)

De l'importance des accessoires érotiques

Légers, facilement transportables, ils font des cadeaux formidables. Une banquière mariée, qui s'est offert un séminaire sur la sexualité pour son trentième anniversaire, en parle ainsi : « J'ai eu l'impression d'ouvrir la boîte de Pandore. Je voulais tout essayer ! »

Nous parlerons de l'origine de ces objets, de la façon de s'en servir et de ceux qui ont retenu notre attention. Toutes les industries ont leur foire, et le marché des produits érotiques n'échappe pas à la règle. J'assiste à leur exposition bisannuelle afin d'avoir toujours une petite longueur d'avance. Si vous n'osez pas sauter le pas, dites-vous qu'un objet érotique pourrait se cacher dans ces pages qui avivera vos sensations et mettra une étincelle dans votre regard.

Tous les accessoires décrits ci-après ont été testés par le corps d'élite des expérimentateurs attachés aux séminaires sur la sexualité – bref, vous et moi. Ils viennent de groupes démographiques très variés : femmes, hommes, célébrités, cadres supérieurs, employés, personnes mariées, célibataires, hétérosexuels, homosexuels, bisexuels. Leurs âges s'échelonnent de dix-huit à soixante-six ans. Utilisateurs novices ou expérimentés, ils ont indiqué leurs préférences en toute franchise.

Ces accessoires peuvent être angoissants ou intimidants. N'oubliez pas qu'ils n'ont qu'une fonction : intensifier vos sensations – ils sont à votre service, et non vous au leur. Certaines d'entre vous trouvent l'utilisation de ces objets trop risquée – une mort subite pouvant entraîner la découverte desdits objets par des beaux-parents horrifiés. Nous parlerons ici des accessoires proprement dits – non des vidéos, des livres et des aphrodisiaques (mais nous donnons des informations sur ces sujets en fin d'ouvrage).

Un peu d'histoire

Le *Kama Sutra* parle déjà des accessoires. Les Japonais possédaient des boîtes magiques qui contenaient des phallus artificiels de formes et tailles variées. Des peintures indiennes du XVIIIe siècle nous montrent des amants usant d'accoutrements érotiques. Quant aux godemichés, on les voit représentés sur des poteries grecques, romaines, et sur des fresques égyptiennes.

Qu'est-ce qui fait la qualité d'un accessoire ?

N'importe quel objet peut devenir érotique. Nous parlerons des accessoires les plus communément utilisés – et non des produits destinés aux amateurs de sadomasochisme, de bondage et aux fétichistes.

Un foulard, une ceinture, un oreiller peuvent se révéler être des accessoires érotiques. Bref, il suffit de faire preuve d'imagination !

Comment se les procurer ?

N'hésitez pas à vous informer, par téléphone ou dans une boutique spécialisée (voir la liste des sites Internet en fin d'ouvrage). Les clients des sex-shops se déplacent furtivement en évitant de se regarder ? Passez outre : n'hésitez pas à demander des précisions sur un produit. Ignorez les voyeurs. Adressez-vous directement à un vendeur. Ils sont en général courtois, compétents et, surtout, sans a priori.

Certains jouets érotiques ne sont pas conçus pour être utilisés, mais comme curiosités, voire comme cadeaux. Un créateur d'accessoires érotiques, qui désire garder l'anonymat, m'a avoué : « Je ne connais pas un seul styliste qui utilise ses créations. À commencer par moi ! » Il a ajouté que la plupart des fabricants ont concentré leurs efforts sur l'emballage et la publicité – sans guère se soucier du produit.

SECRET D'ALCÔVE

Une étude sur la sexualité féminine aux États-Unis, portant sur 100 000 femmes et datant de 1978, révèle que 1 sur 5 utilisait alors un accessoire érotique – cet accessoire était un vibromasseur pour plus de la moitié d'entre elles.

Que mettre dans son coffre à « jouets » ?

Godemichés et vibromasseurs, ces phallus artificiels se ressemblent, mais le second fonctionne avec une pile et produit des vibrations, tandis que le premier utilise la bonne vieille huile de coude.

Vous craignez qu'un vibromasseur ne vous éloigne de votre partenaire ? Rassurez-vous. Si vous êtes capable de jouir sans l'aide de son pénis – par stimulation manuelle, orale, ou sous un fin jet d'eau –, les vibrations artificielles ne sont qu'une variante – souvent plus intense – de ces plaisirs. Elles ne remplaceront jamais votre homme, lequel est une créature irremplaçable.

Il peut même nous offrir des orgasmes télécommandés – le vibromasseur moderne s'actionnant à distance. Certains hommes se sentent ainsi maîtres du jeu. Ce point de vue n'engage qu'eux.

Phallus artificiels

Je l'ai dit au début de ce chapitre : ces objets existent depuis l'Antiquité. Quant aux godemichés, on les utilisait déjà en 1880 (en fait depuis Hippocrate) à des fins thérapeutiques, pour augmenter les effets des massages pratiqués par les médecins, les sages-femmes et leurs assistantes. Dans un récit, une sage-femme du XVIIe siècle nous apprend qu'il y avait alors un traitement qui consistait généralement à insérer un ou plusieurs doigts dans le vagin et à frictionner les parties génitales externes avec l'autre main, le but de la chose étant de provoquer un « paroxysme hystérique, qui se manifestait par une accélération du rythme respiratoire, un rougissement de la peau, une lubrification vaginale et des contractions abdominales ».

Au début du XXe siècle, les médecins utilisaient toute une série de vibromasseurs – « appareils électriques qui produisent des massages vibratoires » (Robert). Maints articles vantaient la technique du massage vibratoire et les utilisations multiples de ces appareils dans le traitement de presque toutes les maladies des deux sexes, et tout spécialement pour le massage gynécologique.

Jusqu'à la fin des années 20, on trouvait de la publicité pour les vibromasseurs dans les magazines féminins, où ils étaient présentés comme des « objets ménagers », servant essentiellement à se relaxer et à entretenir sa santé, avec des précisions ambiguës, comme celle-ci : « Vous sentirez vibrer en vous tous les plaisirs de la jeunesse. »

Le vibromasseur serait tombé dans le discrédit quand on a commencé à l'utiliser à des fins psychothérapeutiques – et quand il est apparu dans les films pornographiques de la deuxième décennie du siècle (son emploi perdant toute ambivalence). Il se peut que votre grand-mère ait été plus délurée que vous ne le pensiez.

Faire le bon choix

Il y a des phallus artificiels réalistes – souvent modelés sur le sexe d'une star du porno – et d'autres assez abstraits. Anecdote : aux États-Unis, le Code pénal texan considère les godemichés et vibromasseurs comme des accessoires obscènes. Aussi les sex-shops les vendent-ils comme des objets éducatifs, permettant de s'entraîner à enfiler un préservatif. Selon un fabricant de produits pour adultes : « La plupart des godemichés bizarres se vendent bien dans les États puritains, parce que l'usage des autres modèles est illégal. Mais les gens veulent quelque chose dont ils peuvent se servir. Mon cactus marche très bien ! »

L'essentiel est de trouver le style qui vous convient. Vous avez le choix entre plusieurs tailles, matières et formes.

Les tailles

On en trouve de très fins et de gros comme le bras. Ces derniers s'adressent à une clientèle spécifique.

Les matières

Plastique, vinyle, métal, caoutchouc, Jelee (un plastique mou, translucide et souvent coloré).

Les formes

Droit, incurvé, réaliste, annelé, lisse, télescopique, ovale comme un œuf, conçu spécialement pour stimuler la prostate ou le point G.

Doubles

Pour une pénétration simultanée des deux partenaires.

Les particularités techniques

Utiliser un vibromasseur est une garantie de frissons variés. Inséré dans le vagin, il stimule conjointement le clitoris, dispose parfois d'une tête rotative, ou « rockeuse », va et vient sur différents rythmes. Il se branche sur le courant ou fonctionne à piles.

Les couleurs

Toutes celles que vous voulez : noir, marron, rose, chair, rouge, blanc, à rayures, fluorescent – la liste est sans fin.

Les harnais

Les godemichés s'actionnent à la main, ou se fixent sur des harnais en cuir ou en tissu, qui s'attachent sur les hanches – de l'homme ou de la femme.

Comment les utiliser ?

Respirez. Dans toute pratique sexuelle, la respiration est votre alliée – inspirez profondément, vous aviverez vos sensations.

Appliquez l'objet sur le clitoris ou demandez à votre partenaire de le faire. Le tissu fin d'un sous-vêtement ou l'une des grandes lèvres peut amortir la vibration. Certaines femmes ont le clitoris trop sensible pour supporter une stimulation directe. Restez au-dessus du clitoris pour commencer.

Insérez le vibromasseur ou le godemiché dans le vagin – le bord (les quatre premiers centimètres) étant la partie la plus sensible.

Introduisez le phallus artificiel dans l'anus. Pour les couples qui aiment ce type de pénétration, un vibromasseur fin est idéal. Les hommes qui apprécient la pénétration anale choisissent souvent un modèle étroit, qu'ils s'introduisent pendant qu'ils se masturbent.

En pénétrations conjointes. Certains harnais disposent d'un vibromasseur pour dames, et d'un godemiché pour messieurs. Aussi le sentiment de plénitude est-il partagé.

Le collier de perles

Il s'agit de la version accessoirisée de la « coiffeuse ».

L'effet de surprise est essentiel : faites-vous d'abord offrir un « collier de perles » par votre amant. Je recommande un long collier, avec des perles rondes d'un centimètre de diamètre. Évitez les assemblages baroques, de forme irrégulière, car les perles glissent mal et peuvent vous égratigner.

Ces perles doivent être de bonne qualité. Plus elles sont lisses et régulières, plus la sensation sera intense. Elles doivent être pleines, pour garder la chaleur – des colliers bon marché n'ont pas cette propriété.

Lubrifiez le collier. Si vous utilisez les perles de famille, augmentez leur longévité en les faisant renfiler sur un fil en nylon – la soie étant hydrophile, elle retient l'eau, ce qui peut faire pourrir les perles ; le nylon, synthétique, n'absorbe pas l'humidité.

Comment expliquer à votre partenaire ce désir soudain de moderniser votre collier ? Expliquez-lui que les perles sont vieilles, qu'un rafraîchissement s'impose ; ou bien que vous êtes une femme active qui porte son collier en toutes circonstances – y compris pour muscler ses abdominaux –, et que le nylon est plus résistant.

Scénario possible : habillez-vous pour sortir en prenant votre temps, en peaufinant tous les détails. Mettez un collier de perles. Pendant le dîner, jouez discrètement avec vos perles. Lorsque vous rentrez à la maison, enlevez tout, sauf le collier.

1. Vous avez le choix de l'ouverture : vous pouvez commencer par l'embrasser. Quand vous vous sentez prête, défaites votre collier, et passez-le sur le corps de votre amant.

2. Lubrifiez légèrement son pénis, puis enroulez les perles autour. Veillez à tenir le fermoir entre deux doigts, pour ne pas érafler votre homme. Les perles sont délicieusement chaudes – puisque vous les avez portées toute la soirée.

3. Lorsque son pénis a revêtu sa tiare improvisée, caressez-le doucement selon la technique de la Main en panier – de haut en bas avec un mouvement tournant.

4. Déroulez le collier et passez-le sous le scrotum. Allez d'un côté à l'autre, avec délicatesse, en soulevant légèrement les testicules.

5. Lorsque vous avez terminé, enroulez les perles sur deux ou trois rangs à la base de son pénis, puis empalez-vous sur lui.

3

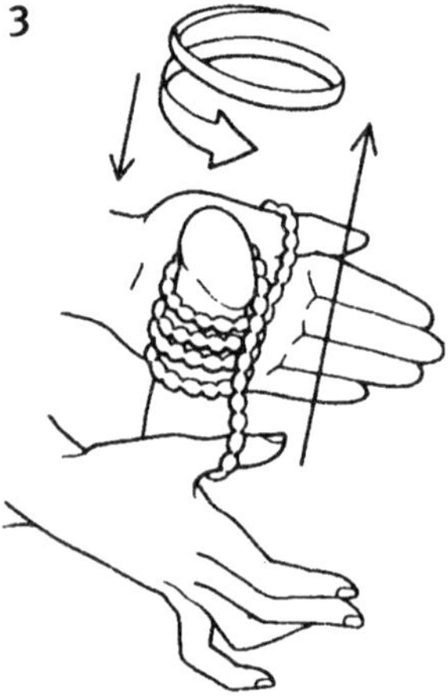

4

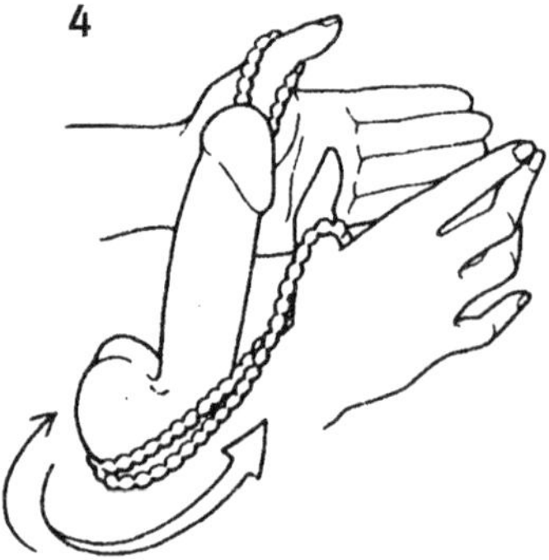

SECRET D'ALCÔVE

Si vous avez envie de nouveaux jeux, et si vous ne voulez pas que votre partenaire sache d'où vous viennent ces idées, dites-lui : « J'ai rêvé de ça. » Après tout, vous avez le droit de rêver…

Comme un gant (le *rigatoni*)

Un must, aux multiples utilisations. Le *rigatoni* est un tube de 4 cm, en caoutchouc siliconé translucide. Il présente de petits renflements sur l'extérieur. Il se vend par boîtes de deux ou de six – chaque *rigatoni* offre un relief différent. La plupart des nouveaux utilisateurs –

hommes ou femmes – sont surpris par sa douceur. Il est par ailleurs aisément transportable – dans une trousse de maquillage ou l'étui d'un rasoir. Avec une juste dose de lubrifiant, il peut servir à divers usages. Vous choisirez un lubrifiant à base d'eau : un produit contenant des corps gras endommagerait l'objet.

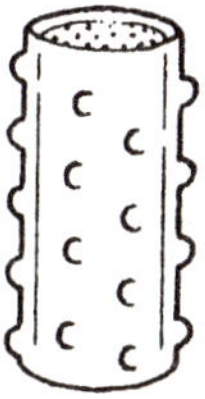

La femme s'occupe de l'homme

Enfilez un *rigatoni* sur un ou deux doigts – ou un à chaque doigt –, appliquez un peu de lubrifiant – où vous voulez –, puis innovez, à partir de vos techniques de stimulation manuelle préférées.

L'homme s'occupe de sa partenaire

Lors d'une stimulation manuelle ou pendant l'acte sexuel.

Stimulation manuelle. Une aubaine pour les messieurs, qui peuvent stimuler le clitoris de leur partenaire – et ses abords – avec ces doigtiers de textures variées. Pensez à appliquer un rien de lubrifiant – pour intensifier la sensation. Plusieurs de mes clients en mettent deux, afin de caresser simultanément l'intérieur des petites lèvres et le dessus du clitoris.

Pendant le coït. Se place à la base du pénis pour des pénétrations lentes et profondes. Les petites ondulations et autres proéminences stimulent la paroi vaginale. Possible quand la femme est sur l'homme – et vice versa.

En solitaire. Le meilleur moyen de découvrir les sensations que procurent les différents *rigatoni* est de les expérimenter en se masturbant.

Sur un vibromasseur. Glissez un *rigatoni* sur un vibromasseur pour obtenir un toucher nouveau.

Entretien

Un peu d'eau et de savon suffisent.

Anneaux péniens (*calamari*)

Vous connaissez peut-être les anneaux péniens en métal ou en cuir. Mes expérimentateurs ont trouvé les *calamari* plus souples, plus confortables et plus simples à enfiler – et à retirer – que les modèles classiques. Le principe de l'anneau pénien relève de l'hydrodynamique : l'excitation fait monter le sang dans les corps caverneux du pénis ; la gravité et une baisse de l'excitation le font refluer. Le but d'une bague pénienne est de freiner le reflux – pas trop longtemps. La bague pince les veines situées de chaque côté du phallus – les voies de sortie du sang qui inonde les corps caverneux. Il en résulte une érection plus intense et durable.

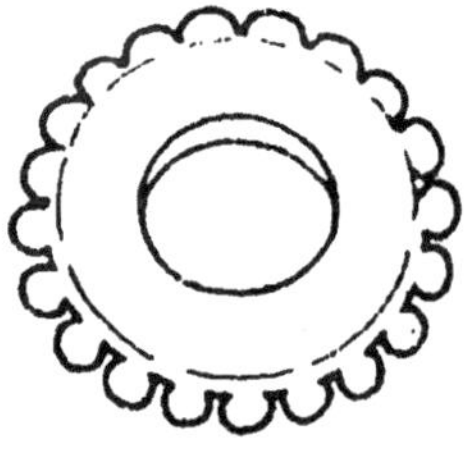

Ces anneaux se portent durant une stimulation manuelle, ou pendant l'acte sexuel. Certains couples ôtent l'anneau juste avant l'orgasme – la pression devenant alors trop forte. D'autres le mettent lorsqu'ils sont déjà en train et le gardent jusqu'à la fin. Le scrotum et le pénis peuvent prendre une couleur plus sombre après qu'on a enfilé une bague pénienne. C'est normal : la quantité de sang emprisonné dans la verge est plus grande. Il convient de ne pas garder l'anneau plus de 10 à 20 minutes (faire une pause de quelques minutes avant de le remettre). Si votre partenaire éprouve une sensation de picotement, ôtez l'anneau immédiatement.

Conseils d'utilisation

Pour donner à l'anneau un maximum d'efficacité, enduisez-le – ainsi que la verge de votre amant – de lubrifiant (à base d'eau exclusivement ; les lubrifiants à base d'huile et autres lotions désagrégeraient le plastique).

Mieux vaut enfiler l'anneau quand votre partenaire est en pleine érection, mais ce n'est pas une obligation.

Pour plus d'efficacité, l'anneau se place à la base du pénis, sous le scrotum. Curieusement, les hommes le trouvent moins serré ainsi que glissé sur le pénis.

Il est préférable que l'homme finisse d'ajuster l'anneau – qu'il le passe lui-même par-dessus ses testicules. La plupart des couples essaient un anneau à l'occasion d'un jeu de mains, puis le mettent plus tard, au cours de leurs ébats.

Après l'acte, laver l'anneau à l'eau et au savon.

L'éléphant rose

C'est l'un des accessoires que les dames adorent offrir à leur homme. Cet objet érotique donne une dimension toute nouvelle à un passe-temps masculin d'élection : la masturbation. Il s'agit d'un tube rose translucide, légèrement plus large à la base, souple et cannelé sur l'intérieur – comme un vagin. Il s'enfile aisément sur le pénis en érection, avec le lubrifiant à base d'eau de votre choix. Comme l'a dit l'un de mes clients : « Avec mon imagination fertile, je n'ai eu qu'à frapper trois coups ! »

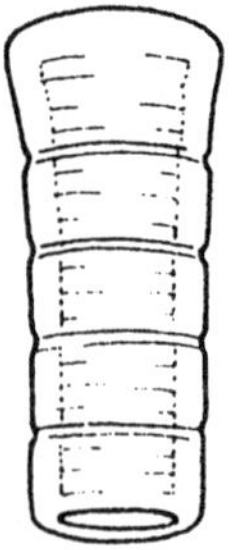

Vous pouvez utiliser ce jouet sur votre homme, il peut s'en servir lui-même – avec ou sans vous.

L'éléphant rose s'avère utile chaque fois que vous n'êtes pas disponible – ou lorsque votre partenaire voyage.

Les principales adeptes de cet accessoire sont les jeunes mères accablées d'enfants, les femmes de pouvoir exténuées, les futures mamans, et toutes les dames qui veulent donner du plaisir à leur partenaire, mais qui sont trop fatiguées – ou physiquement incapables. Une mère de quatre enfants – dont des jumeaux –, tous âgés de moins de quatre ans, m'a raconté : « La première fois, mon mari s'est écrié : "Qu'est-ce que c'est que ça ?" Et maintenant il me demande : "Chérie, tu veux bien aller chercher le machin rose ?" Lequel a été une vraie bénédiction pour nous ! »

SECRET D'ALCÔVE

Vous craignez que l'éléphant rose ne vous supplante ? Rassurez-vous : la plupart des hommes se masturbent régulièrement. Cette activité, ou l'usage d'un éléphant rose, ne sont pas des indices de lassitude sexuelle. Il arrive que les hommes se masturbent seulement pour se détendre. Ils adorent partager cette activité avec leur femme ou amante. Certains d'entre eux apprécient d'avoir une spectatrice.

Je peux tout voir (jptv)

Ce jouet érotique est un étui pénien en plastique translucide – qui rappelle la silicone. JPTV augmente la largeur du pénis. L'intérieur est tapissé de franges très douces, l'extérieur doté de renflements arrondis. Il trouve son origine en Asie du Sud-Est : certaines tribus pratiquaient de petites incisions sur toute la longueur du pénis, y glissaient des clochettes, de petits cailloux et autres perles pour le bonheur des dames. Comme l'a dit l'une de mes clientes : « Que de considération ! »

L'homme voit cependant ses sensations légèrement diminuées. « J'avais l'impression d'avoir un préservatif en plastique épais, a dit l'un d'eux, mais je ne me préoccupais pas de mon érection : l'expression de ma femme récompensait largement mes efforts ! »

Contacteurs et perles anales

Pour ceux qui apprécient la pénétration anale, ces objets sont des musts. Ils donnent une impression de plénitude aux dames – qui se sentiront d'autant mieux prises durant le coït. Les hommes stimuleront leur prostate. L'emploi de ces deux accessoires nécessite une importante quantité de lubrifiant.

Les contacteurs sont des godemichés anaux, qui se terminent par un col évasé – afin de ne pas pénétrer complètement dans le rectum. Ces objets ont généralement la forme d'un cône inversé, afin que le sphincter les maintienne en place.

Les perles anales sont des boules en plastique ou en métal, enfilées sur une cordelette. On les introduit toutes dans l'anus, et on les retire doucement au moment de l'orgasme, quand l'anus pulse sous l'effet des contractions du périnée.

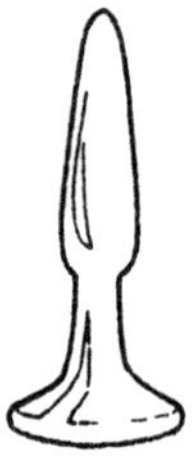

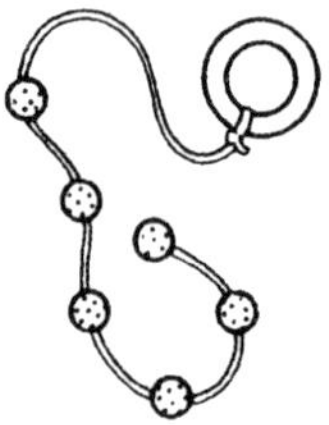

Entretien de vos accessoires

N'utilisez que des lubrifiants à base d'eau avec vos accessoires érotiques en plastique, en latex ou en caoutchouc. Les corps gras attaqueraient ces objets, dont la surface deviendrait visqueuse. Ce qui est votre propriété devrait le rester (pour une fois, on ne partage pas). Vos partenaires peuvent apporter leurs jouets.

Utilisez de l'eau et du savon pour nettoyer vos accessoires. Si vous en faites un usage rectal, veillez à les garder exclusivement à cette fin.

Pour les aventurières confirmées

L'élastique

C'est sans doute le jouet le plus inventif parmi ceux que j'ai pu voir. Créé par un monsieur qui apprécie le saut à l'élastique, ce gadget vous permet de faire l'amour comme en apesanteur. Il s'agit d'un harnais ergonomique et breveté, suspendu à un élastique que l'on fixe au plafond. La personne assise dans cette balançoire érotique peut se mettre dans de nombreuses positions pour pénétrer sa partenaire (debout ou assise), qui peut elle-même décider de l'amplitude et de la force de pénétration. Il suffit en effet d'un léger mouvement imprimé au harnais pour qu'il monte ou descende. La seule difficulté consiste à trouver un crochet assez résistant pour y attacher le dispositif (Cords Unlimited, États-Unis : (888) 828 6433).

Poupée de luxe

Version – très – améliorée de la poupée gonflable. La chose est trop fabuleuse pour que je tente de la décrire. Site Web : www.realdol.com.

Produits singuliers

Dans l'idée d'une révolution sexuelle privée…

Colliers de perles

Vous pourrez commander ces rangs de perles à l'adresse e-mail des séminaires sur la sexualité : rintonn@aol.com. Ils sont disponibles en plusieurs couleurs, dont les classiques perles blanches ou ivoire.

Je recommande les longs colliers de 70 cm, aux perles de 8 ou 10 mm de diamètre, avec ou sans fermoir.

Le Sophisti-Kit

J'ai créé ce kit érotique à la demande de mes clientes. Il s'agit d'un coffret en satin moiré blanc, avec couvercle à charnières, offrant tout un choix d'articles : lubrifiants, huiles de massage parfumées, vibromasseurs, rigatoni, calamari, éléphants roses et colliers de perles. Chaque kit contient un manuel de pratique abrégé – morceaux choisis du séminaire. Vous pouvez commander ce coffret à l'adresse e-mail suivante : rintonn@aol.com.

Joyaux charnels

Un luxe pour une femme à qui on a tout offert. Outre leur côté esthétique, ces pierres taillées ont une vocation érotique – plus particulièrement axée sur la vue et le toucher. On peut les commander à l'adresse e-mail des séminaires sur la sexualité : rintonn@aol.com.

Rubis flamboyants

Le rubis qui, dans l'Antiquité, passait pour prévenir la tristesse et réprimer la luxure – entre autres vertus – est devenu, dans les temps modernes, la pierre des amoureux, qui « enivre sans contact » (N.A. Teffi, Souvenir, Paris, 1932).

Vous verserez ces gemmes délicates dans une flûte à champagne et vous les regarderez grimper parmi les bulles. Pour les adeptes d'une effervescence décadente. Chaque pierre est un rubis taillé de un carat.

Lit de perles

Sept perles brillantes, enveloppées chacune dans un sonnet. Ouvrez, lisez et jetez les perles entre les draps. Puis roulez-vous dessus.

Perles lubriques

Un collier de 3 mètres, que vous enroulerez ou promènerez sur votre corps et le sien. L'effet est plus vif si vous le prenez entre les dents ou si vous le glissez entre vos seins.

OÙ TROUVER LES JOUETS ?

On peut les commander par correspondance, par téléphone, ou en se rendant dans des magasins spécialisés.

J'ai sélectionné des spécialistes en la matière. Je leur ai posé des questions pour m'assurer de leur sérieux, de la qualité de leurs produits et de leurs services. Et de leur liberté d'esprit.

Ont-ils une attitude ouverte, encourageante à l'égard de leurs clients et clientes ? Une femme peut-elle leur commander des accessoires par téléphone en toute quiétude ? Quel choix de produits proposent-ils ? D'autres sociétés ont-elles accès à leurs adresses de vente par correspondance ? Leur site internet offre-t-il une confidentialité suffisante ?

Toys in Babeland
e-mail : biglove@babeland.com
Web site : www.babeland.com
Tenu par des femmes, et voué – à l'origine – au plaisir des dames. S'ouvre aujourd'hui à une clientèle masculine.

Good Vibrations
e-mail : goodvibe@well.com
Web site : www.goodvibes.com
Spécialisé dans les vibromasseurs – une sélection impressionnante de produits. Grand choix de lubrifiants et d'huiles de massage. Les jouets, les harnais et les accessoires en cuir sont de qualité et d'un design inventif.

The Pleasure Chest
Web site : www.thepleasurechest.com
Site de Los Angeles, surtout spécialisé dans la clientèle masculine et homosexuelle ; toutefois, les hétérosexuels peuvent y trouver des produits originaux et intéressants.

Condomania
Web site : www.condomania.com
Choix de 300 préservatifs différents. Sérieux.

Fantasy House Gifts
Web site : www.fantasygifts.com
Produits pour adultes, nouveautés et préservatifs.

The Pleasure Chest
e-mail : apleasurechest.com
Web site : www.apleasurechest.com
New York. Grande classe, large choix pour hommes et femmes, homosexuels et hétérosexuels.

Eve's Garden
Web site : www.evesgarden.com
Une affaire tenue par des femmes, pour le plaisir des femmes.

Conclusion

En écrivant ce livre, j'ai partagé mes connaissances avec vous. Les femmes qui ont assisté à mes séminaires – et leurs partenaires – peuvent témoigner que ces techniques ont transformé leur vie. J'espère que vous bénéficierez également de cette science érotique, que vous deviendrez maîtresse dans l'art d'aimer.

Ces connaissances sont désormais les vôtres : c'est vous qui déciderez du moment et de la situation dans lesquels les mettre en pratique. Au début d'une relation amoureuse, vous hésiterez peut-être à déployer vos talents. Cependant, n'attendez pas trop. Quant à celles qui sont mariées ou en couple, qu'elles foncent ! Si votre partenaire se demande d'où vous viennent vos connaissances, montrez-lui cet ouvrage. Il sera surpris, rassuré, et reconnaissant d'avoir eu cette curiosité. Profitez de ce savoir nouveau pour créer une intimité plus grande avec lui. Je vous souhaite toujours, et encore, du plaisir…

Découvrez le site Internet de Linda Lou Paget sur www.loupaget.com (livres, magazines, accessoires, séminaires, bonnes adresses…) et contactez-la à l'adresse e-mail : loupaget@aol.com.

Remerciements

À la question : « Qu'y a-t-il de plus jouissif lorsqu'on écrit un livre ? », un ami écrivain m'a répondu : « Les remerciements et les dédicaces. » Il avait raison !

Mes supporters : Dede, Lisa, Michelle, qui m'ont donné la force d'aller jusqu'au bout. Sherry, Katarena, Carolynn, Tammy et Buffy – les dames de ma famille –, pour leur aide généreuse et leur soutien indéfectible. Jessica Kalkin, Matthew Davidge, Ariel Sotolongo, Maura McAniff, Rebecca Clemons, Priscilla Wallace, Sandra Beck, Gail Harrington, Raymond Davi, Jay Rosen, Alan Cochran, Michael Levin, Peter Greenberg, Kendra King, Joyce Lyons, Nance Mitchell, Stacy Rozsa, Peter Redgrove, Elizabeth Hall, Morley Winnick, Marianne, Huning, Bob Linn, T.J. Rozsa, Greg Pryor, Marsha et Wayne Williams, Mark Helm, et toutes les femmes du Women Referral Service.

L'équipe éditoriale : Joan S., qui m'a donné l'idée de ce livre et qui a insisté pour que je l'écrive. Catherine Mc Evily Harris et Billie Fitzpatrick, qui ont mis ce manuscrit en forme. Lauren Marino : l'éditrice par excellence ! Le rire le plus contagieux d'Hollywood. Ann Campbell, assistante d'édition, et Nancy Peske, rédactrice. Tout le personnel de Broadway Books et de Creative Culture.

L'équipe de « recherche » : Penelope Hitchcock, DVM, Jacqueline Snow, MN, CNP, Eric Daar, MD, Bernie Zilbergeld, PhD, Bryce Britton, MS, Ron Mc Allister, PhD, Nancy Breuer, Lynne Gabriel, Uri Peles, MD, Dennis Paradise, Norm Zafman, Shannon Foley.

Table des matières

3

LA SÉCURITÉ : UNE AFFAIRE VITALE

4

LUBRIFIER OU NON ?
LA QUESTION NE SE POSE PAS

5

LES SUBTILITÉS DE LA STIMULATION MANUELLE

6

DU BON USAGE DE LA LANGUE

7

RECETTES POUR LES « AVENTURIÈRES »

8

ALLONS JOUIR ENSEMBLE
OU LA MAGIE DU PLAISIR

9

LES ATOUTS DES ACCESSOIRES ÉROTIQUES

2874

IMPRIMÉ EN FRANCE PAR BRODARD ET TAUPIN
33046 - La Flèche (Sarthe), le 20-12-2005.

pour le compte des
Nouvelles Éditions Marabout
D.L. n° 67234 - décembre 2005
ISBN : 2-501-03917-3
40-3597-8/06